现代高等教育管理与教学研究

韩静静 著

中国商业出版社

图书在版编目（CIP）数据

现代高等教育管理与教学研究 / 韩静静著 . -- 北京：中国商业出版社，2023.12

ISBN 978-7-5208-2777-5

Ⅰ . ①现… Ⅱ . ①韩… Ⅲ . ①高等教育 – 教育管理 – 研究 – 中国 Ⅳ . ① G649.2

中国国家版本馆 CIP 数据核字（2023）第 240300 号

责任编辑：王　静

中国商业出版社出版发行

（www.zgsycb.com 100053 北京广安门内报国寺 1 号）

总编室：010–63180647　编辑室：010–83114579

发行部：010–83120835/8286

新华书店经销

定州启航印刷有限公司印刷

*

710 毫米 ×1000 毫米　16 开　15 印张　200 千字

2023 年 12 月第 1 版　2024 年 1 月第 1 次印刷

定价：88.00 元

*　*　*　*

（如有印装质量问题可更换）

前言

现代教育理念具有导向性和规范性，它建立在深刻认识教育规律的基础上，反映了教育的本质和时代特征。现代教育理念蕴含着教育发展的思想，表现出国际性、前瞻性等特点。它引导人们用全新的视角来审视和认识教育现象，对传统、封闭的教育理念进行批判，给中国教师的教育理念带来新的启示。自学校教育诞生以来，教育管理便逐渐成为学校管理的重要组成部分。随着社会不断进步和教育的改革发展，人们对教育管理规律的认识逐步完善。我国学校教育历史悠久，在长期的教育管理实践中积累了丰富的经验。

近现代以来，随着学校办学规模的扩大和教学内容的丰富，教育管理活动日益复杂。教育管理不再局限于维持教学秩序、编排课表、确定学科等单项活动，而逐渐转向全方位统筹教学计划、教学内容、教学质量、教学方法、教材建设等，并实施系统化管理。长期以来，教育管理的研究和探索都与教育学理论紧密联系。直到20世纪，学校管理特别是教育管理才逐渐从教育学中分离出来，发展为独立的研究领域。现代教育理念强调了学生的主体性、教师的专业性和教学的多元化，提倡教育的个性化和以学生为中心的理念，强调培养学生的创新能力、批判性思维和综合素质。现代教育理念对教育管理提出了更高的要求。教育者应优化教育管理模式，关注学生的需求和发展，激发学生的潜能和兴趣。

我国的高等教育体系自中华人民共和国成立以来获得了巨大的发展，

特别是改革开放以来，高等教育领域取得了令人瞩目的成就，其影响力显著增强。高等教育大众化的推进、高校合并、招生体制改革等一系列变革带来了新的挑战，高等教育管理面临前所未有的压力和机遇。在这一背景下，高等教育管理从起步、成长、摸索到明确，经历了从经验总结到理论创建的演进。在这一过程中，高等教育管理学学科建设和教学研究逐渐成熟，并涌现出许多重要的研究成果。

本书是笔者在长期的教育管理与教学研究基础上撰写的，具有一定的指导性与实用性，期待能为当代高校教育管理与教学研究工作带来实质性帮助。对于本书中存在的不足之处，敬请各位读者批评指正。

韩静静

目　录

第一章　现代高等教育管理概述

高等教育管理是一个内涵丰富的领域，涉及教育行政管理、办学主体关系、教育投资等多个方面。对于高等教育管理的定义，不同研究者有不同的理解。一种观点认为，高等教育管理主要关注中央与地方、政府各行政部门与学校在高等教育发展中管理权责的基本规定。这种观点强调管理层面的权责划分及相互关系，主要涉及政策制定、实施与监管等。另一种观点将高等教育管理的主要内容限定为规定和调整中央与地方、政府与学校之间的关系。这种观点更注重管理主体之间的协调与互动，以实现高等教育事业的稳定发展。高等教育管理旨在实现高等教育事业的持续发展。虽然不同研究者对高等教育管理的定义有所不同，但其核心都在于权责划分及各管理主体之间的关系。

第一节 现代高等教育管理的相关核心概念

一、高等教育管理

管理一直以来被视为组织成功的关键。作为一种动态性和创造性的活动，管理与单纯的指挥、控制有本质的区别。管理不仅是为了使事情顺利进行，也是为了确保组织能够持续、稳健地向前发展。一个组织是一个复杂的系统，涉及各种资源、人员和组织目标。这里的资源不仅包括物质资源，还包括时间、技能和信息等。确保这些资源被正确、高效地使用是管理的根本任务。管理应包含计划、组织、指挥、协调和控制等一系列行为活动。计划是管理的第一步，也是最关键的一步。因为没有明确、可行的计划，行动可能变得盲目和无效。管理者需要对组织的目标和资源进行深入的了解，基于此制订管理策略和方案。组织是确保计划得以实施的关键，涉及合理地分配资源、确保人员在最合适的位置发挥最大的作用、确保组织内部的协调和工作流程顺畅。指挥与协调相辅相成，指挥是为了确保组织的每一个部分都在正确的方向上努力，协调是为了确保组织的各部分能够有序、高效地合作。这意味着管理者需要对组织的整体有全面的了解，也需要对组织的每一个细节都保持关注。控制是为了确保计划得以顺利实施，确保组织的每一个目标都能达成。这需要管理者对组织的运行情况进行持续、细致的观察和评估，确保每一次决策都基于真实数据和事实。

管理不仅是为了达到组织的既定目标，也是一个不断调节、优化、创新的过程。管理者要确保组织中的每一个部分都能发挥其最大效用，以实现组织的目标。资源配置和整合是管理的基础。不同的资源，如物质资源、人力资源、财务资源、技术资源等，都有其独特的价值和功能。管理者需要深入了解这些资源的特性和应用潜力，根据组织的目标，进行合理的资源配置和整合，使其发挥最大效用。

高等教育管理是一个特殊的领域。高等教育是为了培养高素质的人才，推动知识创新和传播，服务社会发展。因此，高等教育管理者不仅要确保教育的质量和效果，还要考虑如何使高等教育与社会需求相结合，以推动社会的进步。[①] 依据高等教育的目的和发展规律，高等教育管理需要对教育系统内外的各种资源和关系进行调节。这涉及吸引和培养优秀的教育人才，更新教学内容和方法，与其他教育机构和社会组织合作，获取资金和技术支持，等等。调节系统内外的资源和关系不是一个简单的任务。高等教育管理者需要深入了解高等教育系统的结构和运行机制，了解高等教育的发展趋势和客观规律，制订具有前瞻性和创新性的策略和方案。高等教育管理者有意识、有计划地进行资源和关系调节，是为了确保高等教育系统能够稳定、高效地运行。任何一个环节出现问题，都可能影响整个高等教育系统的运行效果和质量。因此，高等教育管理者要对高等教育系统的运行情况进行持续观察和评估，确保

① 郭继民．何谓思想[J]．决策与信息，2013（1）：24-25.

每一次决策都基于事实，确保每一项措施的实施都能取得实际效果。同时，高等教育管理者还要考虑如何适应高等教育的发展。管理者要对高等教育的未来发展进行预测和规划，对可能出现的机遇和挑战进行深入的分析，促进高等教育持续、稳健地发展，为社会的进步做出更大的贡献。

为了使高等教育机构能够稳定、高效地运行，要有一个完善的管理体系。第一，政策制定是高等教育管理的基石。政策对高校的发展方向和目标进行了明确指导，为高校的各项工作提供了依据。政策可以帮助高校更好地适应外部环境，更好地为学生和社会提供服务。第二，高等学校的内部管理涉及组织架构的设置、人才的聘用、财务管理、基本建设、招生、教学、科学研究、社会服务等，每一个方面都需要有科学的管理方法和策略。合理的组织架构可以帮助高校更好地适应外部环境，更好地为学生和社会提供服务。人才是组织中的宝贵资源。为了确保高校能够拥有一流的师资和管理团队，需要有一套完善的人才选拔和培养制度。财务管理、基本建设、招生、教学、科学研究、社会服务等每一个方面都有其特定的管理要求。为了确保高校的各项工作都能够有序、高效地进行，需要有一套科学、合理的管理方法和策略。[①] 为了实现高等教育的目标，高校管理者需要按照一定的原则，科学地协调和使用高校内部的各种资源。高校管理者不仅需要有丰富的专业知识和经验，还需要有前瞻性的思维和创新能力。高校管理者需要不断地学习和进步，以确保高校的管理工作能够跟上时代的步伐，满足学生和社会的需求。

高等教育的目标不仅仅是培养出具备专业知识和技能的毕业生，还包括为社会提供服务，如为社区提供培训服务、为行业提供解决方案，以及与公共部门或私营企业合作，共同解决现实问题。科学研究也是高校的任务之一。高等教育管理需要确保高校的各个职能都能够得到实

① 唐汉琦．西方高等教育管理思想中国化探析[J]．重庆高教研究，2014，2(6)：10-14.

现。高等教育管理是一个复杂的过程，需要针对高校不同的职能、目标来具体实施。为了确保高校的各个职能得以实现，高校管理者应认识到高校工作的每一个环节都是相互关联的。培养人才是基础。科学研究需要有充足的人才来完成。提供社会服务不仅有利于社会发展，也可以提高高校的社会影响力，使高校吸引更多的人才。

二、高等教育管理改革

高等教育管理改革的核心在于使高等教育更加适应当代社会的需求，提高教育质量，培养出更多符合时代需求的高层次人才。高等教育管理改革不是简单的调整或改进，而是一系列有目的、有计划的行动，旨在逐步淘汰那些不再适用的教育内容和方法，引进更加先进、更具创新性的教育内容和方法，确保高等教育能够更好地服务社会。高等教育管理改革不是一蹴而就的，需要持续努力。高等教育管理者需要深入研究高等教育管理的每一个步骤，确保每一个改革举措都能够真正地收到实效，从而提高高等教育质量，满足社会对高层次人才的需求。

高等教育管理改革的主要目标是构建一个更加开放、更加灵活、更加注重学生个体差异的高等教育体系。这样的高等教育体系不仅可以为学生提供更多的学习资源，还可以使学生在学习过程中得到更多的支持和帮助，从而使学生充分发挥自己的潜能、实现自己的抱负。为了构建这样的高等教育体系，高等教育管理改革应包括这些内容：更新课程内容，使其与时俱进；引进新的教育方法和技术，提升教育的效率和效果；调整学校的组织架构和管理模式，使其更加适应当代社会的需求；加强师资队伍建设，使教师具备高水平的专业知识和教育技能；增加对教育研究和创新的投入，不断探索和实施新的教育理念和方法；深入挖掘和充分利用高等学校内外的各种资源；等等。高等教育管理改革可能涉及高校与政府、企业等建立更加密切的合作关系，各方共同推进高等教育改革和发展。①

第二节　高等教育管理的类型

高等教育管理是社会公共行政领域中的一种管理形式，主要涉及政府在高等教育领域的权力和责任。它的实质是管理和协调教育资源，以实现预定的教育目标。这个过程涉及各种行政活动，包括政策制定、教育资源分配、高校的运行和发展，以及教育质量的监督和评价。高等教育管理是一个复杂的系统工程，需要精确、周全和适时的管理策略与手段。在宏观层面，高等教育管理是由中央或地方政府进行的，基于教育指导方针、法律、法规和政策的教育行政管理包括政策制定、规划、决策、协调和监督。在这个过程中，政府的职责是指导和监督，以确保教育质量和教育公平。政府对教育目标、教育体系和教育政策进行了设定和规划，以满足社会的需求。在微观层面，高等教育管理主要指高校内部的管理，如教育管理、科研管理、人员管理、财务管理和物资管理等。高校内部的管理是根据政府的教育政策，结合学校自身的特色和条件，进行具体的实施和运作的。微观管理的成功往往取决于学校管理者的领导力和管理效率。

高等教育管理根据不同的维度来分类，可分为学术管理、招生与注册管理、战略规划与发展管理等类型。

一、学术管理

学术管理着重于确保高校的教育和研究活动达到高质量的标准，并在实践中不断创新和改进。一是课程设计和发展。高校必须持续评估和更新课程，以适应知识和技术的不断发展，确保课程内容与最新研究成果和

① 唐玉光，房剑森．高等教育改革论[M].南宁：广西师范大学出版社，2002：13-15.

行业趋势保持一致。二是教学方法的改进。高校管理者要鼓励教师创新教学方法，积极采用现代技术、在线教育和实践性课程，满足不同类型学生的需求。三是高校要确保教师和研究人员有充足的资源和资金支持，如提供培训机会、研究经费和实验室设备，以促进教育及相关研究的成功。

二、招生与注册管理

高校需要制定招生策略，以确定每个学年的招生计划，如确定招生人数、专业和入学标准，以满足高校的需求和学生的需求。为了吸引更多的学生，高校需要进行招生宣传和市场营销活动，如准备宣传材料、参加招生展会、建立网上宣传渠道和与中学合作。招生管理者负责收集和处理学生的入学申请，然后根据招生标准进行录取。他们需要与申请人和中学保持联系，并提供必要的信息和相关指导。招生和注册管理也包括学费和奖学金的管理。高校需要确保学费制度合规，并提供奖学金，以吸引学生。一旦学生被录取，高校管理者需要让学生进行注册并安排课程。招生管理者负责协助学生完成有关过程，确保他们能够顺利开始学习。学生的学籍管理同样是招生和注册管理的一部分。高校需要记录学生的成绩和学术进展，并确保相关记录准确无误。

三、战略规划与发展管理

高校需要明确定义其愿景和使命，即长期目标和核心价值观，为未来的发展提供方向和动力。高校需要考虑未来几年的发展目标和重点领域，制订战略规划，以便更好地确定学术专业、拓宽研究领域、扩大校园基础设施等。第一，高校需要考虑资源分配和预算方案制订，确保自身有足够的经费支撑；第二，高校要与其他高校、产业界和政府部门建立合作伙伴关系，共同推动高等教育的发展和创新；第三，高校要充分考虑危机管理，做好风险评估，以应对可能出现的挑战和危机，保障自身的可持续发展。

第三节　高等教育管理的属性与特点

一、高等教育管理的属性

（一）自然属性与社会属性

高等教育管理具有自然属性和社会属性。高等教育管理旨在为学生提供优质的教育，确保学术研究和教学的有效性（自然属性），同时要在社会中发挥积极作用，服务社会，促进社会进步（社会属性）。两种属性的统一表现在高等教育管理的各个环节。管理者需要在保证教育质量的同时，考虑社会的需求和期望，确保管理活动的有效性。高等教育管理的最终目标是实现高等教育的社会价值，这是自然属性和社会属性统一的根本目标。高等教育管理的自然属性是社会属性存在的基础，只有教育质量得到保障，高等教育才能为社会提供有价值的人才资源。

（二）封闭性与开放性

高等教育管理的封闭性和开放性是其核心特征。高等教育管理的封闭性体现在高等教育系统内部的循环和运作上，为内部稳定提供了基础；开放性体现为高等教育系统与外部的交流和资源共享，注重创新。两者的平衡是管理成功的关键，有利于维护高校内部秩序，利用外部力量，最大限度地满足不断变化的现实需求。

高等教育管理的封闭性能在一定程度上维护高等教育系统的内部秩序和稳定性。这种封闭是相对封闭，是为了确保高等教育系统能够按照既定的管理计划和目标有序运行，从而提供高质量的教育服务。

高等教育管理的开放性使得高等教育能够获得更多物质和信息资源，有机地融入社会大系统，不断改进和发展。中国高等教育管理在改革开放的背景下迅速发展。一方面，高校积极吸纳国际先进经验，提高教育质量，推动了中国高等教育的发展；另一方面，高校之间的合作与交流有效提高了人才的数量和质量。

二、高等教育管理的特点

（一）高等教育管理目标的特点

高等教育管理与其他管理相比较，其目标具有一些特殊性，具体如下。

1.具有较强的方向性

高等教育管理的目标在培养人才方面具有较强的方向性。与一般管理相比，高等教育管理目标的方向性更加显著。高等教育管理不仅是为了学生个体的成长，还要为社会和经济的发展做出贡献。高等教育周期相对较长，管理者在制定高等教育管理目标时必须考虑长期性因素，超前规划，以确保培养出适应未来社会发展需求的人才。在中国，高等教育管理必须坚持社会主义办学方向。

2.独特的人才培养使命

高等教育涉及知识传授、技能培养、创造力培养和价值观塑造等多个方面。高等教育独特的人才培养使命对高校教育管理提出了更高的要求。高等教育管理应以高等教育的这些人才培养使命为目标。相关的管理者应综合考虑高等教育的多维度价值，确保管理目标与高等教育的人才培养使命相符。

（二）高等教育管理对象的特点

高等教育管理的主要对象是教师与学生。教师是高等教育系统之中的主导性成员，学生是高等教育系统之中的主体性成员。高等教育管理的对象有一定的特殊性，具体如下。

1.教师

作为拥有专业知识和能力的群体，教师不仅是教育教学活动的组织者和设计者，还是学生集体的管理者。在高等教育管理中，教师不是被动地、盲目地、简单地接受管理，而是积极主动地选择执行和接受学校管理的指令，同时积极影响学校管理者。

2.学生

学生是高等教育管理的对象，通常是接受过中等教育的成年知识青年。高校管理者对学生进行管理，需要考虑他们身心发展的特点。学生是有主观能动性的个体，其自身意愿和积极性在高等教育管理中起着重要作用。他们不仅是教师塑造的对象，还是自我素质提高、学习和研究活动的参与者，因此具备一定的管理者属性。

（三）高等教育管理活动的特点

高等教育管理是以知识为媒介的人际管理活动，其特点如下。

1.学术性

高等教育的核心职能包括创造知识、传授知识和应用知识。为评估教育质量，高校应综合考量培养专门人才的学术水平。高等教育管理活动应以学术目标为主导，以提高高等教育领域的学术研究水平为出发点来合理配置资源（包括人力、财力和物力等）。在高等教育管理中，学术管理是不可或缺的组成部分。

2.人际交流性

高等教育管理是涉及学生、教师和管理者的三向交流过程。高等教育的核心任务是培养人才。教育过程本质上是教师与学生之间的双向交流过程。为提高教育质量和取得良好的教学效果，教师应深入了解学生，调动其学习的积极性。管理者应与各个学科的教师积极沟通，与学生互动，以建立相互理解和支持的关系。只有在这种积极互动的氛围中，高等教育管理才能够取得显著的成效。

3. 复杂性

高等教育的根本任务是培养人才，使学生掌握专业知识和技能，培养学生全面的素质，如道德、智力、体魄、审美、劳动等多个方面的素质。此类任务相互联系、相互制约，决定了高等教育管理的复杂性。管理者在高等教育管理中需要调动管理对象的积极性，运用集体的力量使教育管理高质量运行。同时，他们需要精心控制高等教育管理的运行过程，灵活应对不同的情境和需求，确保一切决策都以个体差异和时机为依据。高等教育管理的复杂性要求管理者具备充足的专业知识以及卓越的领导能力和组织能力。这样，管理者才能更好地完成高校的多项任务，为社会培养出更多高素质的人才。

第四节　现代高等教育管理的目标、规律及原则

高等教育管理的逻辑起点是原则问题。在教育管理实践中协调处理以自主办学为基本原则的高校与政府的关系、以学术自由为基本原则的学术与政权的关系、以落实教授治学为基本原则的党政关系、以创新参与治理为基本原则的新型主体关系，这些原则问题反映了一定的社会观和价值观，体现了教育的管理哲学。高等教育管理始终围绕以人为本的人才培养目标和推动人类社会发展进步的目标，并遵循与人的身心发展相适应和与社会经济发展相适应的规律，这个目标和规律贯穿整个高等教育管理工作。因此，高等教育管理的目标、规律和原则是高等教育管理工作的核心内容，能够不断推动高等教育管理体制高质量发展。

一、现代高等教育管理的目标

（一）目标概述

1. 目标的含义

目标指的是个人或组织在一定条件下对自身行为结果做出的预测，是主观意识与客观标准的交会点。目标作为主观意识的表现，集中反映了人们的设想和愿望，具有强烈的主观能动性；目标作为客观标准，超前地反映了未来的标准或状态，成为评价行为结果的尺度。目标的设定既需要符合主体自身的需要和利益，又需要考虑外部环境的限制。因此，目标的设定需要综合考虑内外因素，制定出具有可操作性和可实现性的目标。

2. 目标的特性

（1）未来的导向性。目标是人们预先设定的未来状态，可以指导人们的行动和实践。它是一种思维方式和管理手段，为组织提高管理效率和工作效果提供了指导方向。人们通过设定目标，可以激发组织成员的士气，凝聚团队的力量，提高工作效率和效益。目标制定后应贯穿于各项工作中，成为组织的共同努力方向，只有这样才能实现目标的最大化效用。

（2）主客观的一致性。目标的制定既包含了主观方面的设想和愿望，也必须考虑到客观现实的因素。制定目标需要对现实进行深入了解和分析，从而根据现实情况来确立合理的目标。只有目标的制定和现实的客观情况相互协调和统一，才能确保目标的正确性和可行性。因此，目标的正确性必须建立在主观和客观高度统一的基础上，这不仅有助于使目标具有实际指导意义，还可以增强实现目标的信心和决心。

（3）社会的价值性。根据系统论的观点，任何组织都是社会中的一部分，其存在和活动方式受到社会的制约。因此，目标的确立必须反映社会的要求，目标的制定既不是完全由组织决定的，也不是纯粹个人意愿的表现。正确的目标是基于客观现实、体现主观意愿、反映社会要求的，是人们普遍认同的，一旦确立，就有崇尚的价值追求。

（4）系统的层次性。目标往往不是单一的，而是分层次的一个目标体系。通常情况下，上层目标的实现需要下层目标的支持，下层目标的实现则为上层目标提供基础。高层次目标具有宏观性和战略性的特点，低层次目标具有微观性和具体性的特点。目标还可以分为从属目标和递进目标，以及隶属层次、时间层次和要求层次等，这些目标共同组成了一个目标系统。

（5）过程的实践性。目标的实现是连续性和阶段性的过程，也是从主观走向客观的过程。这一过程实质上是实践的过程，只有通过实践才能制定出正确的目标，并最终实现它们。在这个过程中，目标的制定、调整和实现都需要不断地进行认识和实践的循环。因此，目标实现的过程需要不断进行反思和调整，以确保目标的有效性和可行性。

（二）高等教育管理目标的含义和特性

1.高等教育管理目标的含义

高等教育目标是高等教育管理工作的重要依据，为高等教育发展指明了方向。高等教育管理目标是为实现高等教育目的而制定的，在管理活动中规定了一定时期内管理对象所需达到的预期结果，高等教育的育人目的与高等教育管理目标在根本上是统一的。随着高等教育改革的不断深入，高等教育所承担的社会职能也日益增多，对高等教育的社会需求也不断提高，使高等教育管理目标更加多样化。

2.高等教育管理目标的特性

（1）指向性。高等教育的管理目标是高等教育主体为实现高等教育目的而制定的标准，它是高等教育育人目标的具体体现，是高等教育管理工作的方向指引，也是高等教育管理中各因素的关键联结点。高等教育管理目标的制定和实现离不开正确的认识和把握，必须充分考虑高等教育与社会的联系和发展趋势，与国家发展战略相一致。高等教育管理目标是高等教育活动的前提和保障，它对高等教育的内容、方法、手段和组织形式都有着重要的制约作用。缺乏明确的管理目标会导致高等教育失去方向和动力，无法实现高等教育的使命和社会的需求。高等教育者应根据实际情况，制定可行的目标，通过正确的管理策略和方法，从而推动高等教育朝着正确的方向发展。

（2）社会性。高等教育目标的确立是基于对学校教育发展的客观反映，它既不是学校个人意愿的表现，也不是学校组织自身决定的。社会对高等教育目标的影响是不可忽视的，高等教育目标具有社会性的特点，反映出不同社会性质下的意志和利益，并与社会阶级相符。随着高等教育与社会联系日益密切，高等教育目标的多样性日益增加，需要考虑不同社会群体和利益的需求。因此，高等教育目标的确立应在认真了解社会需求和学校自身特点的基础上，注重理论和实践的结合，确保目标的正确性和实现性。高等教育目标的确定和实现，需要全体教职员工的共同努力，推动高等教育事业的持续发展。

（3）可行性。可行性即可达成性，指的是高等教育目标规定的指向能由学校组织及其成员通过一定的努力而实现。正确的目标必然具有一定的可行性，高等教育目标的可行性体现在以下两个方面。

第一，高等教育目标的可行性体现在其具体化过程中。只有将高等教育目标进一步细化为具体的指标，才能确保目标的可达成性。例如，要实现国家的教育总目标，各级学校需要将其细化为一系列具体的目标和可计量的指标，如“三好”学生培养率、学生成绩的及格率和优秀率、毕业生的就业率等。这些具体的指标为高等教育活动的成功提供了标准和尺度，帮助学校组织成员明确目标方向，规划实施的措施，监督目标的达成。只有通过具体的指标，高等教育目标才能从抽象到具体，从概念到实践，真正变为可行性的目标，带领学校组织实现教育管理的目的。

第二，高等教育目标的可接受性也是影响其实现的重要因素。高等教育目标必须被学校成员所接受和理解，才能够有效地指导学校的各项管理活动，并使成员的行为与其相一致。只有这样，高等教育目标才能够成为学校成员共同的行动准则，提高全校师生员工的凝聚力和自觉性，最终实现目标。因此，在制定高等教育目标时，必须充分考虑学校内外部环境因素，结合学校实际情况，使其既符合社会发展需要，又符合学校自身特点，从而得到全校师生员工的认可和支持。

（4）层次性。目标的层次性是指目标可以根据其性质和范围进行分解，形成具有从属关系和递进关系的目标体系。在高等教育中，总目标可以分解为部门目标和个体目标，不同层次的目标之间存在从属和递进关系，下一层次的目标是为了实现上一层次的目标。高层次的目标通常具有战略性和概括性的特点，反映着更宏观的发展方向；而低层次的目标具有操作性和战术性的特点，更关注如何实现高层次目标。高等教育目标也有时间性的差异，包括远期目标和近期目标，不同层次、不同时间的目标共同构成高等教育目标体系，正确的目标体系应该具有层次分明、相互协调、有序推进的特点。

（5）挑战性。挑战性是高等教育目标所具有的重要特征，它要求目标的难度高于现实水平，需要高校及其成员付出较大的努力和意志力去完成。高等教育目标的挑战性是高校不断推进自身发展、超越自身的内在动力，也是面对复杂多变的社会环境所需的应对能力。挑战性目标能够激发高校教育组织成员的积极性和创造力，促使他们不断提升自我、拓宽视野、追求卓越。挑战性目标也是高等教育不断进步的基石，只有不断向更高层次的目标挑战，才能让高等教育与时俱进、创新发展。因此，制定具有挑战性的高等教育目标是高校持续发展的重要保障。

（三）确立高等教育管理目标的依据

1.社会发展现状及趋势

要想确立高等教育管理目标，必须分析高等教育发展的趋势。在当今社会，科学技术发展日新月异，综合国力竞争日益激烈。因此，我国必须主动迎接知识经济的到来，加大高校科技创新力度，在国际竞争中保持领先。具体而言，应该着重做好两个方面的工作。首先，建立国家知识创新和技术创新体系，提高科学技术水平，尤其是发展高科技和高新技术产业。其次，深化教育改革，注重培养创新人才，高等教育改革要与时俱进，更新教育理念，将发展创新知识和培养创新人才作为己任，积极应对挑战。

2.教育发展现状及趋势

为了加速我国高等教育的建设，教育工作者需要认真研究国际经济和科技的发展趋势，并从中吸取有益的经验，提升高等教育的开放性和国际竞争力。确立高等教育管理目标，需要基于国家和社会对高等教育发展的基本要求，并注重管理理论的科学性、管理理念的时代性、管理实践的高效性、管理内容的切实性以及管理过程的目的性。只有这样，高等教育管理目标才能符合实际需求，为高等教育的长期发展提供方向和动力。时代特征也是目标的重要组成部分，必须考虑高等教育改革和发展的要求。高等教育管理目标的操作性和易行性也是至关重要的，必须易于被管理的主体和客体所接受，综合考虑多个因素，才能达到预期效果。

高等教育的改革和发展的根本目的在于满足国家和社会对人才的需求。要想实现这一目标，必须确立高等教育管理目标，并以此为指导方向来推进高等教育的改革和发展。因此，高等教育管理目标必须紧密围绕高等教育的发展而展开，以符合社会主义建设对人才的要求。只有如此，才能使高等教育管理目标更好地发挥其指导作用，从而实现高等教育的良性发展。这就要求高等教育管理者必须了解国家和社会对人才的需求，结合教育现实，科学合理地制定高等教育管理目标，为高等教育的改革和发展提供有效的指导。

3. 管理对象

高等教育管理目标涉及管理对象的多种类型，包括人、物、材料等。其中人是较为关键的因素，人被视为高等教育管理工作的核心对象。在确定高等教育管理目标时，根据不同管理对象实际情况和特点制定目标，才能提高教育管理成效，才能实现高等教育管理的最终目的。

（四）高等教育管理目标的意义

1. 目标是高等教育管理的出发点与行动依据

高等教育管理的方向和任务受高等教育管理目标的影响，高等教育管理目标决定管理活动的内容，进而影响管理途径和方式方法。高等教育管理的目标既是出发点，也是落脚点，没有目标的高等教育管理就失去了方向和意义，目标是高等教育管理活动的中心和灵魂。在高等教育管理活动的全过程中，管理活动的中心任务都应围绕目标展开。

2. 目标是提升高等教育管理者自觉性的重要方式

高等教育管理的目标具有激励和鼓舞管理者的作用，高等教育管理者需要注重管理的效果，而目标的设定和达成则是实现效果的前提和基础。目标的明确能够增强管理者的自觉性和有效性，从而达到预期的效果。高等教育管理的目标还能够引发管理者的思考和行动，激发他们的热情和激情，使管理工作充满动力和创造力。因此，在高等教育管理过程中，确立明确的目标，并使管理者深刻理解和认同，是促进高等教育管理工作不断向前发展的重要途径。

3. 目标是处理高等教育管理主客体矛盾的必要条件

高等教育管理过程中，目标具有化解矛盾的作用，目标是高等教育管理的预期结果，需要通过一定的努力才能实现。高等教育管理过程中，存在着多种不同的矛盾，如质量与效益、教学与科研、校内与校外等。明确管理目标可以正确处理和解决矛盾，提高高等教育管理效率和效果。只有不断改进和完善管理目标，才能更好地适应高等教育管理工作的实际需要，推动高等教育事业的发展。

4. 目标是检验高等教育管理效果的依据

高等教育管理目标不仅是指导管理活动的方向和任务，还是评估管理工作成效的标准。仅仅看高等教育管理工作做了多少事情是不足以判断其成效的，需要用事先确定的管理目标来检验实际管理活动的效果。只有通过目标的检验和评估，才能真正评价高等教育管理工作的成效，并且及时发现管理工作中存在的问题和矛盾，进而进行调整和改进。这样才能实现高等教育管理的科学化、规范化和有效性，从而更好地服务于国家和社会。

（五）高等教育目标管理

高等教育目标管理是高等教育管理者通过指导和协调高校和全体成员，确定高等教育管理目标及其体系的一种管理方式，涵盖了目标的确定、实施和评估等，强调以目标为导向，全员参与和协作，通过不断优化和完善管理体系来提高高等教育的质量和效益。

高等教育目标管理的基本含义包括以下内容。

（1）高等教育目标管理是高等教育的重要组织活动之一，它强调以目标为核心，与其他高等教育管理活动如计划管理、质量管理等有所区别。高等教育目标管理的主要特点在于它通过制定、实施和评估高等教育的目标体系，引导和协调高等教育实施部门及全体成员，共同推进高等教育的改革和发展。

（2）高等教育目标管理是一个连贯的过程，涵盖了目标的制定、执行、检查和评估等环节。目标的制定是基于教育机构的使命和愿景，将其转化为具体、可衡量的目标。目标的执行需要明确责任和资源分配，制订行动计划，并确保相关人员积极参与。检查与评估是对目标达成情况进行监测和评估，收集数据并及时采取应对措施。这一过程是持续循环的，通过不断的反馈和调整，确保目标的有效实现。

（3）高等教育目标管理的发展需要关注人的因素，既注重管理者，也注重被管理者。管理者和被管理者都必须明确自己的责任，并自我控制、自我检查和自我评估，以实现高等教育目标管理的目的。这种管理方式要求管理者能够鼓励被管理者自发性思考和积极行动，而被管理者则需要以高度的自觉性和强烈责任感参与目标管理活动。这种人和工作相结合的方式，能够最大限度地发挥高等教育管理的效能，实现高等教育目标管理的长期稳定发展。

高等教育目标管理一般程序包括目标制定、目标实施和目标检验。这个过程与常规管理的计划、执行、检查和总结过程基本相同。高等教育目标管理的独特之处在于以目标为中心，重视目标的确定和实现，并通过目标的检验和评估不断优化和完善管理过程。

（六）高等教育目标管理的模式

1.理性模式

在理性模式下，目标的制定和选择需要充分考虑各种可能的方案，并对它们进行评估和比较，从而选择最佳的方案。这种模式注重以客观的数据和信息为基础进行决策，强调逻辑思考和分析。因此，理性模式下的管理行为具有确保目标实现的作用，通过科学的手段实现目标的最优化。

理性模式是一种目标管理方法，旨在通过设计一套程序来管理具有“净价值成效”的目标，以获取相应成果。这个目标具有高效和经济的特点，意味着目标所要求的效果大于其付出的代价，也就是目标实现所得到的价值大于付出的价值。因此，理性模式下的设计目标是以最小的代价实现最大的收益。理性模式的核心是通过系统的分析和判断来制定目标，以实现最大化的效益，因此其目标具有理性的特点。理性目标是指通过分析和判断制定的、能够最大化地满足利益相关者需求的目标，也具有高效的特点。

理性模式是现代管理理论中一种重要的管理模式，必须满足以下要求。首先，管理者必须了解相关的教育要求及其重要性，只有这样才能根据实际情况和需要，制订出合适的目标方案。其次，管理者还需要掌握多种目标方案，了解各种方案可能产生的结果，并且能够估计目标方案实现与不能实现的教育要求的比值。最后，管理者需要具备选择最佳目标方案的能力，能够正确预测各种目标方案的实施效果，准确把握管理成本与育人目标的关系。

这些条件确保了目标选择过程的科学性和合理性。它们使制定目标时的选择更加理性和系统化，既考虑了教育要求的权重，也充分考虑了目标方案可能产生的影响。在这个基础上，选择最佳的目标方案，从而实现效益最大化。高等教育管理者需要不断学习和提高自己的知识和技能，增强自身的能力，以更好地实现高等教育管理目标。重视现实情况和可操作性，注重实践经验的总结和积累，不断完善理性模式，使其更加符合高等教育管理的实际需求。①

2. 渐进模式

渐进模式是指在实践中逐步改进和完善目标，通过调整不断实现目

① 王宝堂. 当代高等教育管理与实践路径研究[M]. 青岛：中国海洋大学出版社，2018：128.

标的过程。这种模式要求管理者从实践中不断探索、总结和改进，从而逐步达成目标。与理性模式相比，渐进模式更加注重实践和经验，强调目标的可行性和可实现性，尽可能充分利用现有资源来实现目标。在这种模式下，管理者需要不断对目标进行评估和调整，以逐步完善目标的实现路径，提高目标的达成率。

渐进模式的特点是能够灵活应对不同的情况，可以根据具体情况对目标进行改进和调整，从而使目标更加适应实际情况。这种模式能够逐步提高管理者的能力和管理水平。不过，渐进模式也存在不足，比如可能出现目标的不连贯性和缺乏整体性等问题。因此，在实践中，需要根据具体情况灵活运用不同的管理模式，以达到最优化的管理效果。

（1）渐进模式的内涵。渐进模式的内涵包括三个方面。首先，考虑有限的与现行目标渐进性差异的方案。其次，论证可能产生的几个重要结果，使问题较易处理，善于发现问题并解决问题。最后，通过补救对目标加以改进。总之，渐进模式可以使高等教育管理者在目标制定、实施、调整的过程中更加灵活、具体、务实，以适应实际情况，从而更好地实现教育管理的目标。

相较于理性模式，渐进模式更贴近实际的管理情况，模式设计也更为精致。渐进模式适合管理者个性特征，但受限于多种因素，如现有目标成效、问题性质改变程度、可选方法中新方法数量等。渐进模式需要在现有目标成效满意的基础上运用，若现有目标成效不佳，则无法采用；当问题性质发生变化时，渐进模式也无法适用；若现有可选方法中新方法较多，采用渐进模式的可能性会降低。因此，管理者应根据实际情况选择合适的模式来确立和实现高等教育管理目标。

（2）渐进模式的应用。渐进模式在高等教育管理中的适用性取决于多种因素，如目标成效、问题性质和处理方法等。首先，现有目标的成效能否满足高等教育管理主、客体双方的需要是采用渐进模式的前提条件之一，如果现有目标的成效不能令人满意，就无法采用渐进模式，需要进行更加彻底的改革。其次，管理者所面对的问题在本质上必须是一致的。换言之，不同管理者对问题的看法基本是一致的，这是渐进模式的另一个前提条件。如果管理者之间存在分歧，那么就需要采用其他模式来解决问题。最后，管理者有效处理问题的方法也须具有高度的共同性，这是确保渐进模式能够有效实施的关键。

然而，随着高等教育改革和发展的形势不断变化，新问题不断涌现，管理者需要面对的问题越来越复杂和多样化，因此渐进模式的缺点也就开始凸显。渐进模式有明显的局限性。渐进模式的效度是有限的，只适用一些特定的问题，对一些需要快速响应和大刀阔斧的改革，渐进模式就显得无力。渐进模式容易导致管理者陷入惯性思维和保守心态，难以创新和探索新的改革方案。这种模式还容易导致效率低下和资源浪费，因为在渐进的过程中，可能需要进行多次尝试和改进，这就需要消耗更多的时间和精力。因此，在实践中，高等教育管理者需要根据具体情况选择合适的管理模式，灵活运用渐进模式和其他模式，以达到更好的管理效果。加强创新意识和探索精神，不断探索新的改革方案和管理模式，以适应高等教育改革和发展的需要。

3. 综合模式

综合模式是高等教育目标管理中一种多样化的控制模式，融合了理性模式和渐进模式的优点。综合模式的主要特点是追求最优化。虽然在广义上，将多种模式混合使用也可以称为“综合模式”，但在高等教育目标管理中，几乎所有的综合模式都包含了理性成分，广义上的综合模式可以看作理性模式和其他模式的结合。

综合模式融合了理性模式和渐进模式的优点，以最优化为主要要求。综合模式可以将两种或多种模式结合应用，以达到更好的目标管理效果。在高等教育目标的确立过程中，综合模式中的理性成分是必不可少的，因为它可以提供宏观审视的视角，帮助管理者分清主次并选取重点。综合模式应用渐进模式来探讨重点，避免了对与目标无关的次要细节和方案的全面分析。这种方法可以有效地克服理性模式和渐进模式的不足，避免过于理想化或过于具体的管理方法。综合模式的优点在于可以根据具体情况和需求，灵活地选择和应用不同的方法，以取得最佳的管理效果。

规范最佳模式是一种综合模式，它融合了理性模式和专家直觉、经验判断等因素，旨在通过各种可行性研究，设计出最优的方案。该模式还采用各种定性方法来处理那些难以量化的因素。使用规范最佳模式主要分为三个步骤。首先，明确目标和目标要求。其次，探索可行的方案，包括创造新的方案。最后，对备选方案进行优劣效果的排序，以选择最佳的创新方案。规范最佳模式的任务是对现有目标进行检查和论证，因此需要一个完善的论证体系来支持它的工作。

综合模式的优点在于它将理性模式和渐进模式的优点结合起来，注重具体方案，并且使用多种方法和技术进行分析和决策。相比之下，理性模式注重目标的确立和比较，但容易忽略实际问题的细节；渐进模式注重逐步调整和改善，但是进展缓慢，不能及时响应新的问题。综合模式能够更好地适应变化和挑战，更能提高决策的准确性和有效性。相较于理性模式而言，综合模式能够更加精细地进行选择，从而缩小了考察的范围，省时省力，节省资源。相较于渐进模式，综合模式采用了理性模式的客观方法对备选方案进行调适和判断，提高了方案的可靠性，并且为创新方案提供了机会，因此更加具体可行。

二、高等教育管理的规律

（一）学术管理与行政管理相统一的规律

高等教育管理中，学术管理与行政管理相统一是一种重要规律，特别是在我国当前高等教育体制和管理模式逐步完善的背景下，更加凸显其重要性。学术管理和行政管理是高等教育管理中的两个重要方面，它们在相互作用和相互支撑中形成了一种统一的关系。学术管理与行政管理相统一体现在其共同服务于高等教育的核心使命——培养高素质人才，学术管理关注教学与科研，注重学术水平的提升和教学质量的保障。行政管理则负责组织和协调各项工作，保障高校的正常运转。两者的统一在于共同致力提高学生的综合素质和创新能力，推动高等教育的整体发展。学术管理与行政管理共同服务于高等教育的内外部环境，学术管理要面向学术界，与国际接轨，提高高校的学术声誉和影响力；行政管理要面向社会，与地方政府和企业等各方面进行合作，增强高校的社会服务功能。两者的统一在于紧密联系高校的内外部环境，使高校在发展中能够更好地适应社会需求和发展趋势。学术管理与行政管理共同服务于高等教育的自主办学与科学管理，学术管理强调学术自由和学术独立，注重学术成果的创新和学科建设的发展；行政管理强调规范和效率，注重资源配置和管理体制的完善。两者的统一在于既要尊重学术自由，又要实现科学管理，使学校既能保持自主办学的特色，又能有效地推进高等教育的改革和发展。不仅如此，学术管理要鼓励学术创新，推动教学方法的革新和教学内容的更新；行政管理要推动管理创新，促进管理模式的变革和管理手段的创新。两者的统一在于为高等教育的改革提供全方位的支持，使高校能够在创新中不断提高教育质量和教学水平。

（二）管理与服务相统一的规律

一般而言，高等教育管理职能具有管理和服务的双重内涵，两者既有区别，又相辅相成，辩证统一于教育实践中。所以，正确看待高校教育管理和服务的关系，认识它们的内涵和本质，运用科学合理的管理手段，满足管理和服务的需求。高校教师有着双重身份，既是管理对象，也是服务对象，其角色定位尤为关键。不管是哪种身份，都要充分尊重和理解高校教师，如尊重他们的人格和个性，理解他们的授课方式和风格。最终还需要给予合理的评价和充分的肯定。

高校教育管理和服务是紧密相连的，为了处理好两者之间的关系，管理者必须了解高等教育的特点，制订出有针对性的计划和管理方案。要处理好高校教育管理中上下级之间的关系，解决身份代沟和利益矛盾等问题。这不仅需要基层教师服从上级领导的指示和安排，还需要上级领导换位思考，关注基层教师的实际问题。在这个过程中，高校教师是比较重要的因素，管理者需要采取措施尊重他们的人格和个性，理解他们的授课方式和授课风格，并对他们的业务水平给予合理评价和充分肯定。只有管理者和教师之间建立了互信互敬的关系，高校教育的管理和服务工作才能够顺利展开，从而为学生的成长提供更好的保障。

三、高等教育管理的基本原则

高等教育管理的基本原则既具有一般管理学的原则，又要考虑高等教育管理活动的特点和规律。这些原则不仅在理论上是完备的，还在实际工作中是切实可行的，能够科学指导高等教育管理工作。

（一）方向性原则

管理工作的目标和方向是管理工作顺利进行和取得成效的前提和关键，对于高等教育管理工作来说，方向的正确与否关系到高校育人目标的实现。高校教育的使命是培养德、智、体、美、劳全面发展的人才，高等教育管理工作应该以此为方向来确定和实施各项工作。这不仅涉及培养目标制定和课程设置，还涉及教学管理、科研管理、财务管理、人事管理等各个方面。因此，在确定高等教育管理方向时，要充分考虑国家战略、高校定位、学科特色和学生需求等因素，确立高校的育人目标，明确办学方针，制定相应的管理政策和措施，使管理工作与高校育人目标相互贯通，为高校发展和人才培养提供坚实的保障。

高等教育管理的方向性原则对于实现高校育人目标和培养合格的社会主义建设者和接班人至关重要，方向性原则包括确定高等教育管理的目标和确保高等教育管理活动与高校育人工作的总目标相一致。为了确保这一原则的实现，需要采取以下措施。首先，坚持党和国家的教育方针、规范、政策和法律法规中规定的教育目标、管理目标等，确保高等教育管理活动与国家的发展方向相一致。其次，明确高等教育管理的目标和定位，建立符合高校育人工作总目标的高等教育管理目标。只有坚持方向性原则，高等教育管理才能更好地服务于国家和社会，实现高校育人工作的总目标。

1.应坚持社会主义的政治方向

在社会主义下的高等教育管理中，坚定不移地支持社会主义政治方向是较为重要的，因为教育必须为社会主义服务，这是高等教育管理工作方向的根本原则。在我国，高等教育必须以社会主义意识形态教育影响学生，为社会主义建设培养具有坚定政治方向的建设者和接班人，这是我国高等教育的基本任务。因此，教育工作者必须明确我国高等教育的社会主义性质，并为社会主义服务，坚持社会主义政治方向。高等教育管理需要注重研究和借鉴国际先进的管理理论和实践经验，结合国情，采取符合实际的管理方式和方法，不断提高高等教育管理水平，促进我国高等教育事业的发展。

在当今世界，信息技术的发展给全球文化交流带来了前所未有的便利，但也带来了文化输出的问题。发达资本主义国家利用其技术和经济优势，通过电影、音乐、游戏等文化产品对外输出其价值观和文化观念，对其他国家的文化产生了深远影响。中国作为社会主义国家，面临来自西方文化的冲击，要坚决守住文化自信的底线，规避文化输出的负面影响，弘扬中华优秀传统文化，推广具有中国特色的文化产品，彰显中国文化软实力。只有这样，才能真正守护好社会主义的政治方向，为中国的文化事业和国家发展做出贡献。

2. 应坚持为社会主义经济建设服务

在社会主义建设的进程中，高等教育管理的服务方向具有重要的意义，服务方向不仅要坚持社会主义政治方向，还要以经济建设为中心。随着经济的快速发展，高等教育要及时调整服务方向，适应社会和经济的需要。为了实现经济建设的目标，高等教育需要培养各个领域所需的优秀人才，使他们能够适应市场的需要。因此，高等教育在培养人才的过程中，注重学生的实践能力和创新能力，使学生具备实际工作中所需的知识和技能，高等教育的服务方向也涉及文化建设。作为社会主义国家，高等教育必须弘扬社会主义精神，坚持中国特色社会主义文化发展道路，推动中华民族文化的繁荣和发展。在文化建设中，高等教育也应扮演重要的角色，培养高素质文化人才，促进中国文化的传承和创新。总之，高等教育的服务方向是多方面的，要兼顾经济、政治、文化等各方面的需要，确保高等教育服务社会主义现代化建设的方向性和实效性。

高等教育的方向性不仅指政治方向，还包括服务方向。政治方向是高等教育的社会性质和定位所决定的，而服务方向是高等教育的工作任务和目标所决定的。高等教育必须坚持为社会主义现代化建设服务，这就要求高等教育必须紧密联系经济建设，培养符合社会主义现代化建设需要的各类人才。高等教育的服务方向不仅要满足社会经济的需要，还要贯彻社会主义核心价值观，传承和发展中华优秀传统文化，积极参与社会公益事业，服务于人民群众，推动社会进步。因此，高等教育的方向性既包括政治方向，也包括服务方向，两者相辅相成。

（二）整体性原则

高等教育管理的整体性原则是指高等教育系统各个方面的相互联系和相互依存，在高等教育管理中，不能仅关注某一方面的工作，而要把高等教育系统作为一个整体来看待和处理。这意味着高等教育管理工作不仅要注重教学管理，还要关注科学研究、后勤管理、师资培养等各个方面的工作，使它们相互协调、相互促进，从而为高等教育的整体发展打下良好的基础。高等教育的整体性原则要求高等教育管理者考虑社会环境中各种因素的影响，包括政治、经济、文化等方面，以确保高等教育管理工作与时俱进、适应社会发展的需要。

在高等教育工作中，为现代化社会培养优秀人才是较为重要的职能之一。高校管理者不仅要重视教学工作，还要注重科学研究和师资培养等方面的工作，为人才培养提供更加全面、高效的保障。高等教育管理者应该注重后勤管理，创造良好的学习和生活环境，为学生提供优质的服务。高等教育管理者需要从整体性的角度来看待高等教育工作，注重协调各方面的工作，为高等教育事业发展提供有力支撑。

高等教育作为社会发展的重要组成部分，除了育人外，还担负着开展科学研究和为社会提供服务的重要职能。科学研究是高等教育的重要组成部分，是高等教育对社会提供服务的重要途径。高等教育管理工作要促进高校科学研究的发展，加快科技成果转化步伐。高等教育要为社会提供优质的服务，如专业技术培训、人才咨询等，将高等教育服务的功能最大化。高等教育的服务不仅服务社会，还服务人民群众的需求。因此，在开展服务工作时，要注重服务对象的需求，加强与社会各界的联系，密切了解社会需求，不断提高服务的质量和水平。高等教育管理工作与社会系统之间存在密切的联系，高校要根据社会需求及时调整发展战略和目标，更好地服务于国家和人民。

要践行高等教育管理的整体性原则，应注意下面几点。

1.各方面活动的开展都应服从于培养人才这一首要任务

政府对高等教育的宏观管理是指国家通过制定相关政策、规划和措施来对高等教育进行管理和调控。在这个过程中，首要任务是制定和实施高等教育的人才培养规划。这个规划要考虑国家和社会对各类人才的需求，以及高等教育的实际情况，合理确定培养人才的数量、质量、结构和布局等方面的目标和计划。政府要通过促进各高校之间的协调合作，避免重复建设和资源浪费，实现高等教育资源的优化配置。政府还要加强对高等教育的资金投入和财务管理，确保高等教育能够得到持续的资金支持，并推进高等教育的改革和发展。除此之外，政府还要通过立法、监管和评估等手段，推动高等教育的健康发展。

高等学校的各部门必须紧密协作，共同为学生的全面发展服务。教学工作是高等学校的核心工作，其目标是培养高素质的人才。教学和思想教育工作必须遵循人才成长规律，注重培养学生的创新意识、实践能力和综合素质。科研、生产必须与教学相结合，充分利用教学和科研的相互促进作用，提高教学质量和科研水平。后勤工作也要为教学和科研服务，为师生提供舒适、安全、便利的学习和生活环境。

为了保证高等学校各部门工作的协调与配合，需要建立完善的组织机制和管理制度。各部门之间要保持密切的沟通和合作，及时协调解决工作中的问题，确保各项工作的顺利开展。要加强对各项工作的管理和评估，定期开展质量评估和绩效考核，及时发现问题并采取措施加以解决，推动高等学校管理水平的不断提高。

2. 应处理好教学与科研的关系

教学是高校培养优秀人才的重要方式与基本途径，教学工作的含义比较广泛，不能单纯认为只有课堂讲授这一种内涵，还需要认识下面几点。

（1）教学是高等教育的核心职能之一，其目的是通过传授知识、发展智力、培养能力和形成良好思想品德等方面来促进学生全面发展。教学活动不仅包括通过课堂讲授来传授知识，还包括通过各种形式的指导，帮助学生获得知识和掌握学习方法。

（2）高等学校不仅是人才培养的场所，还是科学研究的重要阵地。在高等学校中，科研活动不仅是为了促进学科的发展和深入探究学术领域，更是为了提高学生的科研能力和科学素养。因此，将科学研究引入教学过程是高等学校教学过程的一个重要特点，它能为学生提供发展智力的环境和条件。

（3）参加科学研究不仅能够增强学生的理论知识和实践能力，还能培养学生的创新思维和综合素质。科学研究与教学活动相结合，能够帮助学生更好地理解课堂上学到的知识，并将其应用于实践中。学生能够通过参加科研项目，了解当前科技领域的前沿动态，掌握一定的科研方法和技能。科研项目能够激发学生的创新精神和创造力，从而更好地适应未来社会的需求。在这一过程中，学生还能够获得丰富的实践经验和人际交往能力，提高他们的综合素质和竞争力。因此，将科学研究融入高等教育教学过程中，是一种有效的教育模式，能够为学生综合素质的提升和未来的发展奠定坚实基础。

（4）科学研究是提高教师学术水平和教学质量的关键，也是培养学生创新精神和实践能力的重要手段。高等学校教学传授给学生的知识是前人实践经验的系统总结，而科学研究则是在已有知识的基础上探索和总结新的知识，进一步加深对客观世界的认识。因此，只有通过开展科学研究，不断总结和发现新的知识和能力，才能够更好地进行各门学科和专业的教学。科学研究和教学也是互相促进的。开展科学研究可以为教学提供新的理论支持和实践案例，有助于充实和更新教学内容，改进教学方法，提高教学质量。而教学则可以为科学研究提供实践案例和新的问题，有助于科学家更好地探索和解决实际问题。

从这种意义上来看，科学研究是教学的“源”，教学是科学研究的“流”，两者相互关联、相辅相成。教师通过积极参与科学研究活动，能够及时掌握本门学科和相关学科的最新发展动态，不断更新教学内容和教学方法，提高教学质量，培养出现代化建设所需的优秀人才。科学研究能够给学生创造全面发展智力的环境和条件，培养创新精神，养成严谨的学习态度和踏实的工作作风。因此，科学研究和教学之间应该互相促进，发挥各自的优势，不应该将两者对立起来。只有不断追求创新，紧跟时代发展，才能够使高等教育真正地服务于现代化建设的需要。

3. 发展科学技术是高等学校的重要任务

科学技术的发展已成为推动全球经济和社会进步的关键，培养科技人才也成为全球高校共同的目标和任务。在我国，随着国家现代化建设步伐的加快，对科技进步的需求更加强烈。因此，高等学校的科学研究工作尤其重要。重点大学更应该在科研方面加大投入力度，加强科技人才培养，开展基础研究和应用研究，加强产学研合作，创新科技成果转化机制，以提升科学研究的水平和质量，推动我国科技事业的发展。在这一过程中，高等学校应该注重科学研究与教学的结合，让科学研究成为教学的重要组成部分，从而培养学生的创新精神和实践能力。高等学校也应该加强与企业、政府等社会机构的合作，将科技成果转化为生产力，为社会发展做出更大的贡献。

4. 直接为社会服务也是现代高校的一项重要社会职能

高等学校人才培养、科学研究、为社会服务之间是相互联系、相辅相成的。高等教育的管理工作必须把培养人才作为中心任务，因为人才是高校的根本，而提高人才质量和数量的关键在于教学质量的提升。因此，高校教育管理需要统筹兼顾，既要注重直接为社会服务的工作，又不能忽视培养人才的任务。为了处理好两者的关系，高校需要加强管理，建立合理的收益分配机制，调动教师的积极性。在教学一线工作的教师是高校教育质量的关键，他们的积极性和投入程度会直接影响培养出来的学生质量，因此高校管理工作需要注重教师的培养和激励，鼓励他们积极投入教学和科研工作中，提高他们的学术水平和教学质量，从而推动高校的整体发展。总之，高等教育管理工作需要坚持以人才培养为中心，注重教学质量的提升，并积极开展直接为社会服务的工作，以实现高校的发展和社会责任。

（三）发展性原则

发展性原则在高校教育管理中占有重要地位，它强调了在面对不断变化的管理机制体制时，要始终坚持发展的管理理念，确保高校教育管理工作的顺利推进。这里的“发展”一词包含了要通过高校教育管理工作促进大学生全面成长，这就需要做到以下两点。

1. 树立发展意识

发展意识在高校教育管理中具有重要的指导作用，它关系到教育过程中的诸多因素。

为了在高等教育管理中促进学生的全面发展，高校管理者需要转变传统的教育观念，将学生全面发展作为管理活动的核心。这包括关注学生的身心健康、知识技能、人际交往和创新能力等多方面的成长。高校管理者应增强责任感和紧迫感，认识到促进学生全面发展的重要性，打破思维定式，以新的发展观念指导管理决策。

2. 促进管理创新

正如创新是发展的第一动力，而发展是创新过程中质与量变化在社会形态中的体现。要想促进大学生全面发展，高校必须与时俱进，将创新与传统相结合，以富有创意的方式开展工作，创新高等教育管理工作是时代和社会赋予各大高校的重要使命。随着社会经济的快速发展，当前高等教育管理的机制、途径、方法和载体也需要探索新的管理机制，以适应不断变化的社会环境。这包括制定更具针对性的政策、调整教学方法，以及利用现代科技手段提高教育管理的效率。高校需关注学生的个性化需求，提供多样化的教育资源，为学生营造更加开放、包容和创新的学习氛围。

（四）民主性原则

民主性原则是指通过广泛参与和讨论来达成决策和管理的方法。高校教育管理人员应该与学生密切合作，沟通、探讨并尊重他们的意见，以更好地为学生服务。以下几点是高校落实民主性原则的关键。

1. 管理者也是被管理者

管理者应当受到规章制度的约束，必须按照原则办事，并以身作则。如果不以身作则，管理就难以取得好的效果，也难以产生威慑力。因此，民主化管理并不意味着没有硬性规定和强制执行。

2. 非管理人员参与管理

管理人员与非管理人员之间并没有明确的界限，只是分工不同。管理人员也要遵守制度，而非管理人员参与管理可以调动其积极性，发挥全体成员的聪明才智，共同推进高校工作。让非管理人员自觉参加管理并提供改进意见，提高其参与感和归属感。

3. 管理人员应善于听取各方面的意见

选择最佳方案是管理者的职责，“兼听则明，偏听则暗”是正确的决策原则。只有听取多方面的意见和建议，才能做出更明智的决策。如果只听取某一方的声音，就难以得到系统的信息，也难以确保决策的正确性。要做到这一点，决策者需要从各方面选择方案，让真理在不同意见的碰撞中更加明晰，才能做好工作。这种做法有助于减少误判，提高工作效率，也可以增加归属感和创造力。

（五）自主性原则

自主性原则是指在高校教育管理过程中，提高学生的主体意识和参与管理的积极性，使其实现自我管理和自我服务。为了实现这一目标，高校需要从两个方面入手。首先，通过调动学生的主观能动性，实现管理目标的内外转化，使管理行为得以顺利实施。其次，满足学生自主管理的现实需求，适应市场经济对高校师生意识的影响，让大学生成为具有自主意识的独立个体。这需要从以下三点做起。

1. 唤醒学生自主管理意识

自主行为需要自主意识来引导，教育者需要唤醒自主管理意识。通过引导学生理解自主行为的重要性和意义，教育者可以激发他们的主观能动性，让他们更加积极地参与管理活动。

2. 打造学生自主管理平台

高校需要建立一个相应的管理平台，并建立完善的管理机制，以培养学生的自主管理能力，并激励学生广泛参与其中。所以，打造学生自主管理平台是实现自主性原则的有效渠道。

3. 强化对学生自主管理的指导

为保证学生自主管理的顺利进行，需要对其进行指导，并确定管理方向和规则。指导应从四个方面入手：规定明确、标准确定、监督到位、反馈及时。只有做好这四方面，才能控制学生自主管理的主要方向，确保管理工作不偏离目标，顺利推进。

（六）激励性原则

在高校教育管理过程中，激励性原则能激发学生的积极性和创造性，最大限度地发挥学生的潜能。激励效果的实现依赖于选用的激励方式和手段是否与学生的实际需求相符，是否能够激发学生内在动力，进而达到更好的管理效果。要贯彻激励性原则，需要从以下两个方面入手。

1. 应用正向激励手段

正向激励是在高校教育管理中为调动大学生积极性、创造性和管理意识，采用科学合理的机制来激励大学生，使其更好地完成管理工作。正向激励方式可分为物质激励和精神激励两种，物质激励主要以金钱或实物等为手段进行激励，如奖学金、助学金等，这种激励方式可以满足学生的生活需要，提高他们学习的积极性和创造性。而精神激励则是通过表扬、鼓励或给予荣誉等方式对学生进行激励，提高学生的自我管理能力。

在实践中，选择适合的激励方式需要考虑学生的实际情况，如学生的经济状况、学习能力和兴趣爱好等，以达到促进学生成长的目的。要注意协调好物质激励和精神激励的关系，避免只关注物质激励而忽视精神激励，或者过分强调精神激励而缺乏实际支持，要确保正向激励能够强化管理效果，提高学生的管理能力和素质，促进其个人发展。

2. 应用榜样激励手段

良好的榜样可以激发人们向上、勇敢坚韧，传递正能量。通过榜样进行激励是一种直接有效的方式，榜样不仅可以帮助学生找到奋斗的方向和目标，还可以学习为人处世的道理。因此，在高校教育管理中，必须树立正确的榜样意识，宣传榜样力量，鼓励学生学习和成为榜样。

第五节　高等教育管理的创新

一、高等教育管理理念的创新

高等教育管理在不断变革与创新中，面临来自经济全球化、信息化、科技发展等多方面的挑战。为了适应时代的需求和推动高等教育的可持续发展，高等教育管理理念也在不断演进。下面结合实际情况，探讨高等教育管理理念的创新。

（一）开放性管理理念

随着社会的发展和高等教育规模的扩大，开放性管理理念逐渐被提倡和实践。开放性管理理念强调信息的透明化与公开化。高校可以建立在线信息平台，向公众公布学校的课程设置、财务预算、招生政策等重要信息，让社会各界了解学校的运营情况，提高高校管理的透明度。开放性管理也意味着高校应更加开放地与社会各界进行合作，与政府、产业界、非营利组织等建立紧密联系，共同解决社会问题，满足社会发展和经济发展需求。开放性管理能够给高校带来更多资源和创新思维，有利于促进高校的发展和社会的进步。

（二）灵活性管理理念

高等教育的发展面临快速变化的社会环境和多元化的学生需求。因此，灵活性管理理念在高等教育中越发重要。灵活性管理强调高校组织结构的灵活性与适应性。高校应该建立一种机制，能够快速适应外部环境的变化。例如，针对新兴学科的需求，高校可以灵活地调整学科设置，引进新的专业或学科方向。灵活性管理也意味着高校能够及时做出决策，快速响应学生的需求，提供个性化的学习服务。灵活性管理还包括与时俱进的教育理念和教育技术的引进。高校应该积极采用新技术、新方法，提供更具吸引力和效果更好的教学方式，满足不同学生的学习需求。

（三）质量导向管理理念

高等教育的核心是培养高素质的人才，因此质量导向管理理念成为高等教育管理的重要方向。质量导向管理要求高校将学生的学习效果和学习成果放在首位。高校可以建立完善的质量评估体系，对学生的学习成果进行评估，不仅注重学术知识的掌握，还包括创新能力、实践能力、综合素质等方面。高校还可以根据学生的学习成果和发展需求，提供个性化的学习计划和指导，充分发挥学生潜能。质量导向管理要求高校不断提高教师的教学能力和学术水平。高校可以建立教师培训体系，促进教师的专业成长和教学能力的提升，同时鼓励教师积极参与科研活动，推动学术成果的转化和应用。

（四）创新性管理理念

高等教育管理创新是推动高等教育发展的重要动力。创新性管理理念注重高校内部的创新和改革。在实际教育管理中，高校可以鼓励教师和学生进行创新研究和实践，建立创新项目和创新基地，为教师和学生提供展示和实践的机会。高校也可以积极与企业、政府机构合作，共同开展科技创新和产学研相结合的项目，推动科研成果的应用和转化。创新性管理还包括推动高校治理体制和管理机制的创新，建立一种灵活、高效的管理体系，赋予学院和学科更大的自主权和决策权。在管理中引入市场机制和激励机制，激发学院和教师的创新活力。

（五）可持续性管理理念

可持续性管理是高等教育管理的重要目标之一。高等教育是一项长期的事业，要实现长远发展，高校必须注重可持续性管理。可持续性管理要求高校在经济、环境、社会三个方面实现协调。在经济方面，高校需要建立有效的财务管理体系，合理规划和使用资金，确保资源的有效配置和持续发展。高校还可以通过校企合作、科技成果转化等方式增加经济收入，降低对财政拨款的依赖，提高自主发展能力。在环境方面，高校应该注重资源的节约与环保，推动绿色校园建设和可持续发展。高校应树立环境保护意识，开展节约能源、减少碳排放等环保行动，并且开展环保教育和研究，培养学生的环境意识和环保能力，为可持续发展培养人才。在社会方面，高等教育管理要积极回应社会需求，服务社会发展。高校可以开展社会服务项目，参与社会公益活动，为社会提供专业知识和技术支持。高校还可以积极参与社会治理和社区建设，发挥智力资源的作用，推动社会和谐与进步。

（六）数据驱动管理理念

随着信息技术的快速发展，高等教育管理逐渐向数据驱动的方向转变。数据驱动管理理念强调利用大数据和信息技术分析学生和教师的学习和教学行为，为决策提供科学依据。高校可以建立学生信息管理系统，收集学生的学习数据和行为数据。高校可通过数据分析，了解学生的学习习惯、学习兴趣等，为个性化教学和学生发展提供指导；通过数据分析评估教师的教学效果和学术表现，奖励优秀教师，提高教学质量。数据驱动管理可帮助高校进行预测和规划，如进行招生、就业、学科发展等方面的数据分析。高校通过数据驱动管理，可以更好地预测未来的发展趋势，调整学科设置和人才培养计划，实现高校的可持续发展。

（七）多元文化管理理念

高等教育管理不仅要关注学术水平和教学效果，还要注重文化建设和价值观培育。多元文化管理理念强调尊重和包容不同的文化背景和价值观，打造多元和包容的学术环境。高校应该鼓励多元文化的交流和碰撞，吸引不同国家和地区的学生和教师来校交流学习；建立国际化的学术平台，促进国际学术合作和文化交流；还要注重本土文化的传承和发展，保护和弘扬本土文化。多元文化管理还包括推动校园文化建设。高校可以组织丰富多彩的文化活动，如举办学术讲座、艺术展览、文化节等，为学生提供全方位的文化体验，并注重价值观教育，培养学生正确的人生观、价值观和社会责任感。

（八）全员参与管理理念

高等教育管理不仅是管理部门和领导的责任，还需要全体师生的共同参与和贡献。全员参与管理理念强调高校内部形成一种积极的管理文化，营造全员参与、共同协作的氛围。高校可以建立民主、平等、公开的管理机制，鼓励教师、学生和员工参与学校的决策和管理。高校可建立学生代表大会制度、教师代表大会制度等，搭建师生议事平台，让本校全体成员参与本校管理和决策。

二、管理制度的创新

体制是指一种系统化的组织制度，而管理体制则是管理机构中系统化的管理制度，包括权限分配、机构建设以及运行方式。因此，高等教育管理制度可以理解为体制化、系统化的高等教育管理制度，涵盖了高等教育事业的功能定位、职责分配、组织构建和运行机制等方面。高等教育管理制度是在特定的政治、经济和文化背景下，国家为管理高等教育事业建立的一套制度。这套制度为高等教育的运行和管理提供了保障，并直接影响着高等教育创新与发展的方向、速度、质量和效益等。高等教育管理制度具体包括宏观层面的政府、高校与社会之间的互动关系和组织运行模式，涵盖了微观层面的高校内部管理方式，如教育领导体系、办学制度、内部管理机制、投资制度、招生与就业制度等。[①]

从宏观角度来看，国家对高等教育事业的基本管理制度主要涉及机构设置及职责权限划分等。这包括明确不同政府级别在统筹和决策高等教育行政管理中的职责，以及如何在各级政府间分配职责和权力。高等教育管理制度需要在国家与高校、高校与社会以及高校内部各层级和部门之间协调和维护关系。宏观管理制度对整个高等教育体系的管理具有全局性、整体性作用，关系到高等教育事业的稳定发展。

从微观角度来看，国家对高等教育事业的基本管理制度包括高校内部领导分工、机构设置、管理权限等方面，它决定了高校在教学、科研、后勤等方面的管理活动。高校管理制度既是实现高等教育功能的基础，也是高校与社会沟通的纽带。在当下，知识经济的兴起、信息社会的建设、科

① 卢新吾．当代高校教育教学管理科学化研究[M]．长春：吉林大学出版社，2010：12.

学技术的迅速发展、可持续发展战略的推广以及文化多元化的交融等新问题涌现。这些发展变化要求高等教育管理制度不断适应和改进。中华人民共和国成立以来，我国高等教育管理制度在不断适应外部环境变化的过程中出现了多样化的体制类型，并持续变革和发展。从当前实践而言，我国高校的管理是部分综合大学与师范院校由中央或教育部直接管理，专门院校归入相应的中央业务主管部委管理，地方高等院校由省一级管理。结合中共中央有关教育体制改革创新的决定精神，高校办学自主权已经有所扩大。

三、高等教育管理创新的基本理论

高等教育管理创新作为现代教育体制的核心，对于提升教育质量和培养高素质人才具有重要意义。在探讨高等教育管理创新的基本理论时，需要关注高等教育管理理论和公共管理理论这两个理论体系。它们之间的相互关联和影响，为高等教育管理提供了理论支持和实践指导。高等教育管理理论主要关注教育系统的组织、运行、规划和发展。这一理论体系为高等教育管理创新提供了基本原则和指导思想，包括教育公平、教育质量、学生发展、教育资源配置等多方面内容。高等教育管理理论着重于研究教育行政组织和管理体制的构建，以及教育政策制定、实施和评估的过程。教育管理者需要关注如何优化教育资源配置、提升教育质量、加强教育公平等问题。公共管理理论从广义的社会管理角度来研究公共事务。这一理论体系具有普适性，可以应用于政府部门、企事业单位、非营利组织等多个领域。在高等教育领域，公共管理理论关注教育系统如何满足社会需求、提高教育效益、增强公共服务能力等方面。[①]公共管理理论为高等教育管理创新提供了多样化的视角和方法，使教育管理者能够从更宏观的角度思考教育问题，更好地满足社会发展需要。

① 卢新吾．当代高校教育教学管理科学研究 [M]．长春：吉林大学出版社，2010：20.

高等教育管理创新之所以涉及公共管理理论，是因为高等教育作为涉及国家利益、个人发展和集体福祉的典型公共事务，具有广泛的社会影响。教育管理者需要关注公共利益和社会需求，以确保教育资源的合理分配、教育质量的不断提升、教育公平的保障。公共管理理论还强调政策制定和实施过程中的民主、透明等原则，有助于提高教育政策的公信力和执行效果。

（一）高等教育管理理论

高等教育管理理论是一种关注高等教育管理现象的理论，通过对管理现象的研究，为高等教育领域的决策提供理论支持。中华人民共和国成立以来，我国的高等教育经过半个多世纪的探索、实践，高等教育管理理论逐步形成了以科学主义、人本主义和伦理主义为导向的三种基本管理理论。这些理论日益完善，为高等教育管理提供了丰富的理论资源。

以科学主义为导向、以效率为核心的科学管理理论强调高等教育管理应该注重实证分析、数据驱动和目标导向，这一理论主张高等教育管理者应运用科学方法进行决策，关注教育效果的量化评估，提高教育资源配置的合理性和教育质量。科学管理理论有助于高等教育领域提高管理水平，提升教育的整体效益。

以人本主义为导向、以民主为核心的人际关系学说关注高等教育中的人际关系和组织氛围。这一理论强调尊重个人差异，关注学生和教师的成长需求，提倡民主参与和沟通协作。人际关系学说使高等教育管理更加以人为本，有利于提升师生的积极性和创造力，为提高教育质量创造良好的条件。

以伦理主义为导向、以道德为核心的伦理管理理论关注高等教育管理中的道德规范和价值观。这一理论强调教育管理者在制定和实施政策时应遵循道德原则，关注教育公平、诚信、责任等。伦理管理理论有助于培养学生的社会责任感，促进高等教育健康发展。

在我国高等教育管理理论的发展过程中，随着理论体系的逐步健全，许多高等教育管理学教材和著作也应运而生。这些教材和著作系统地阐述了我国高等教育管理的基本理论和实践，为高等教育领域的研究和教学提供了重要的参考资源。通过这些教材和著作的传播，我国高等教育管理理论得以不断推广和普及，为培养高素质的高等教育管理人才提供了理论基础。① 在当前社会发展的背景下，高等教育管理理论的发展和创新更加重要。面对全球化、信息化、多元化等诸多挑战，我国高等教育管理理论需要紧密结合实际，持续创新。例如，针对教育信息化的发展趋势，高等教育管理理论可以积极探讨数字化、智能化等技术在教育管理中的应用；针对教育国际化的需求，高等教育管理理论可以研究如何提升教育的国际竞争力和影响力。高等教育管理理论还应关注社会需求和学生发展的多元化，培养学生的创新精神、实践能力和国际视野，打破传统的管理模式，营造更加灵活、开放、包容的教育环境。

高等教育管理理论包括管理过程研究和管理体制研究。管理过程研究主要关注高等教育管理的实际操作，如计划、组织、人事、领导和控制等方面，也关注管理原则、内部管理、管理方法与技术等。管理过程的研究注重具体操作，以实际管理过程为核心，以提高高等教育管理的效率和效果为目标。而管理体制的研究则从宏观层面研究高等教育管理的职能定位、机构设置、权力关系、决策和运行机制等，关注高等教育管理的整体框架，旨在构建适应社会发展需求的高等教育管理体制。管理体制的研究不仅关注外部环境，如政府、市场、社会和高校之间的关系，还关注学校内部权力关系的分析。

研究者需要从体制层面入手，更好地适应我国高等教育的发展思路和高校的发展现状。这有助于促进高等教育管理理论的创新。以体制为切入点的研究应在方向性、整体性、民主性、多样性、动态性和效益性

① 戚焕林，邱坤荣．高校教学管理基础[M]．南京：东南大学出版社，1990：16.

原则的指导下进行，突出宏观和微观的结合，注重教育功能的发挥。这与诺亚和埃克斯坦比较教育功能理论所强调的相契合，即教育信息的普及功能、教育认识的标准功能、教育规划的决策功能和教育规律的推动功能。高等教育管理理论能够适应社会发展的需求，为培养高素质人才和推动国家发展贡献力量。

从现实层面和目标层面分析高等教育管理，可以更全面地了解高等教育管理理论的内涵和发展方向。

从现实层面来看，高等教育管理主要涉及四种关系：政府与高等教育的关系、中央与地方的关系、教育主管部门与其他业务部门的关系以及高等教育与社会的关系。这些关系共同构成了高等教育管理的现实背景，对高等教育管理理论的研究提出了诸多问题。政府与高等教育的关系主要涉及举办权、管理权和办学权的分配以及高等教育的办学自主权问题。这一关系的处理需要在保障高等教育事业健康发展的同时，尊重和保护高校的办学自主权。中央与地方的关系体现在高等教育管理体制上。这一关系的处理需要平衡中央集中领导和地方分权管理的利益，以实现高等教育管理的高效和公平。教育主管部门与其他业务部门的关系则涉及高等教育的结构和布局问题，需要克服“条块”分割现象，实现“条块”有机结合。高等教育与社会的关系实际上是高等教育与市场的关系。在社会主义市场经济条件下，高等教育需要面向社会，依法自主办学，适应社会需求的变化。

从目标层面来看，高等教育管理创新的主要目标是解决政府与高等教育、中央与地方、教育主管部门与其他业务部门之间的关系问题。具体来说，高等教育管理创新需要在以下方面取得突破：实现对高等教育的管理从“条块”分割逐步走向“条块”有机结合，这需要教育主管部门与其他业务部门加强协同，形成统一的高等教育管理体系；政府切实转变职能，改进对高等教育的宏观管理。政府对高等教育的管理模式需要从传统的直接管理模式转向服务型、监督型管理模式，为高校提供更多的自主发展空间，这包括简化行政程序、优化监管机制以及提供有力的政策支持；加强高等教育与市场的互动，以适应社会和经济发展的需求，高等教育应根据市场需求调整课程设置、专业布局和人才培养模式，培养出更具竞争力和创新精神的人才，高等教育应该积极参与社会服务，为社会经济发展提供智力支持；推动高等教育内部改革，完善学校治理结构和管理体制，加强校内民主管理和科学决策，提高高等教育管理的民主性、科学性和有效性。此外，高校还需要加强师资队伍建设，提高教学质量和科研水平；发挥高等教育国际交流与合作的作用，借鉴国际先进经验，提高我国高等教育的国际竞争力，包括加强师生的国际交流、深化国际合作项目以及引进国外优质教育资源等。

（二）公共管理理论

公共管理理论是研究政府、非营利组织和公共事务组织等公共部门的组织、政策与运作的理论体系。结合这一理论，高等教育管理在实践中逐渐转向更加科学、民主、效能和可持续的方向。

1.新公共管理理论与高等教育管理创新

新公共管理理论是20世纪80年代后期兴起的一种公共管理理论，强调市场化、效能和服务导向。在高等教育管理中，新公共管理理论为高校的改革和发展提供了新的思路。新公共管理理论注重绩效导向，将高校视为一个提供服务的组织。高等教育管理创新应该以提高办学质量和学生学习效果为中心，建立绩效评估体系，对高校的教学、科研、社会服务等方面进行评估。通过绩效评估，促进高校的内部优化，实现资源的有效配置和管理效率的提高。新公共管理理论主张引入市场化机制，鼓励高校在教学和科研等方面进行竞争，提高高校的竞争力和自主性。高等教育管理创新应该为高校提供更大的自主权，允许高校根据市场需求调整学科设置、招生计划等，以适应不断变化的社会和经济需求。市场化竞争机制可以推动高校提高办学质量和效益，激发教师和学生的积极性。新公共管理理论倡导公民参与和民主决策，在高等教育管理中，公民参与的理念体现在学生、教师、家长、校友等各方面的参与。高等教育管理创新应该建立多元化的高校治理结构，让各方参与高校的决策和管理。例如，可以建立学生代表大会、教师代表大会等制度，让学生和教师参与高校管理和决策，形成共同治理的局面。

2. 公共选择理论与高等教育管理创新

公共选择理论是公共管理理论中的一个重要分支，是研究政府和公共机构在资源配置中做出决策的理论。在高等教育管理创新中，公共选择理论为高等教育决策提供了新的视角。公共选择理论认为，政府或公共机构在资源分配时，应该追求效益最大化，将资源配置到产生最大社会效益的领域。在高等教育管理中，公共选择理论要求高校在资金分配时充分考虑教育资源的效益和社会需求，将资源优先投入优质学科、重点研究项目和学生资助等方面，实现高等教育资源的优化配置。与此同时，公共选择理论认为，政府在资源分配和公共事务管理中应该发挥监管和规制的作用。在高等教育管理中，政府可以通过建立高等教育市场监管机制，规范高校的办学行为和收费政策，确保高等教育市场的公平竞争和学生的权益保障。政府监管还可以推动高校增强社会责任感，加强社会服务和公益事业。公共选择理论强调选择集体决策的重要性，即在多个参与者中协商决策，以实现共同利益。在高等教育管理中，高校可以采取集体决策的方式，让教师、学生、校友等参与高校的重要决策。集体决策可以凝聚多方智慧，减少决策失误，提高决策的合法性和民主性。

3. 新公共服务理论与高等教育管理创新

新公共服务理论强调公共服务的提供应该以满足公众需求和提升公众满意度为核心目标，在高等教育管理创新中，新公共服务理论为高等教育机构提供了新的服务理念和方向。新公共服务理论强调高校应当以学生为中心，提供符合学生需求的优质服务。学生服务是一个至关重要的方面，包括但不限于学生发展、生活服务、学业指导等。高校可以建立完善的学生服务体系，提供个性化的学生发展计划和学业指导，帮助学生规划职业生涯和个人发展。定期进行学生满意度调查，了解学生的需求和反馈意见，及时改进和优化学生服务，提高学生满意度和学习体验。新公共服务理论鼓励公共机构积极参与社会服务，为社会公众提供有益的服务和资源。在高等教育管理创新中，高等教育机构应当明确自身的社会使命，积极履行社会责任，推动高校与社会的深度融合。高校可以建立社会服务项目，为地方经济发展、社会公益事业等提供智力支持和人才培养。高校还可以与企业、政府、非营利组织等合作，开展产学研合作项目，将科研成果转化为实际生产力，为社会创造更大的价值。新公共服务理论强调提高公共机构的效能和运作效率，高校应当注重提高管理效率，优化组织结构和流程，降低行政成本，实现资源的合理利用和最优配置。高校可以引入信息化管理，建立信息化平台，提高管理信息化水平，加强对高校内部各类数据的收集和分析，实现数据驱动决策。通过精简冗余程序，优化办公流程，提高工作效率，让高校管理更加高效、便捷。

4. 公共领导理论与高等教育管理创新

公共领导理论关注公共机构领导者的角色和职责，强调领导者的能力和素质对组织的影响。在高等教育管理创新中，公共领导理论为高等教育管理者提供了新的指导思想。公共领导理论强调领导者应当具备转型领导风格，能够积极推动组织的变革与创新。在高等教育管理创新中，高等教育领导者应当成为改革的推动者和引领者。高等教育领导者可以倡导开放性管理理念，鼓励学校与社会各界进行广泛合作，推动学校的改革和发展。领导者应当勇于面对挑战，解决困难，提出具有前瞻性和战略性的发展规划，引领学校朝着更加创新、卓越的方向发展。公共领导理论强调领导者应当具备民主领导风格，能够倾听不同的声音，尊重多元意见，推动组织的民主决策和共治。高等教育领导者可以建立民主决策机制，建立学生代表大会、教师代表大会等制度，让学生、教师等参与学校的决策和管理。高等教育领导者还应当鼓励开展各类沟通交流活动，了解教师和学生的需求和反馈意见，形成共同治理的局面。公共领导理论强调领导者应当具备资源整合的能力，能够有效整合内外部资源，推动组织的协同发展。在高等教育管理创新中，高等教育领导者应当积极整合各类资源，包括人才、科研、财务等方面的资源，形成资源优势，推动高校整体发展。高等教育领导者还要注重建立产学研合作平台，促进产学研深度融合，充分利用外部资源推动高校的科研和创新。

四、高等教育管理创新的历史沿革

（一）高等教育管理创新的背景和历程

自20世纪90年代以来，中国高等教育为适应开放创新需要、满足经济社会快速发展对人才和科学技术的需求，开始尝试改革。为了提高高校的自主性和创新能力，政府开始尝试削弱政校之间的联系，减少政策干预，让高校能够根据社会需求自主调整教育策略。这种改革为高校提供了更多的灵活性，有助于提高教育质量。传统的人才培养观念强调对专业知识的传授，较少关注实际应用和创新能力。为了适应社会发展需求，教育部开始转变教育观念，强调培养学生的实践能力、创新思维和综合素质。这样的教育理念有助于培养出更符合市场需求的人才。为了满足经济社会发展的需求，高校开始对专业设置进行改革，更加注重实用性和时代性。许多新兴产业的专业和跨学科课程应运而生，如信息技术、生物技术、新能源、环境科学等，这些专业设置的变革有助于培养符合未来发展需求的人才。

1.创新背景

随着我国经济社会的高质量发展，对高素质、多层次、复合型人才的需求日益迫切。为了适应经济社会的变革，高等教育管理必须紧密结合国家发展战略，优化人才培养目标和内容，提高教育质量，满足社会对高等教育的多元化需求。我国高等教育规模不断扩大，大学生入学率逐年提升。高等教育管理面临规模的挑战，需要更加灵活的管理方式来适应不断增长的学生数量，确保高等教育的普及和质量。此外，在全球化背景下，高等教育面临来自全球范围的挑战。为了在国际上更具竞争力，我国高等教育管理需要吸纳国际先进理念，加强国际交流与合作，提高高校的国际化水平，培养具有全球视野的人才。如今，社会结构和经济发展的变化，对人才的需求日益多样化。高等教育管理需要关注人才培养的个性化和多样性，为学生提供个性化学习和发展路径，培养创新创业能力、实践能力和综合素质。

2.创新的历程

从时间序列上来看，我国的高等教育创新一共经历了以下四个阶段。

（1）起步阶段，这一阶段的时间跨度是1985—1992年，1985年颁布了《中共中央关于教育体制改革的决定》，强调了改变政府对高校统得过多、管得过死的体制是高等教育管理创新的关键所在，应在国家统一的教育方针与计划指导之下，不断扩大高校办学的自主权，加强高校同生产、科研以及社会其他各方面之间的联系，使高校更加具有主动适应经济与社会发展的能力。1986年，国务院发布了《高等教育管理职责暂行规定》的通知，对国家教委等部委、省级政府管理高等教育的主要职责以及高校的管理权限等方面做出了具体的规定。

（2）探索阶段。这一阶段的时间跨度为1993—1997年，在党的十四大之后，我国又连续颁发了文件，提倡高等教育管理创新应将重点放在改变“条块分割”的办学体制方面，鼓励并促进各类高校之间的联合、协作，不断优化办学结构，提高办学效益。经过我国不断创新探索以及试点推动，按照“共建、调整、合作、合并”的方针，高等教育管理长期存在的条块分割、自我封闭等问题有了明显转变。

（3）突破阶段。这一阶段的时间跨度是1998—2000年，1998年颁布了《中华人民共和国高等教育法》之后，高等教育管理创新取得了一定突破，国务院直属的只有十多个部门管理的一百多所高校，其余高校主要由地方管理或者以地方管理为主，这标志着我们国家新的高校两级宏观管理体制基本上确立。

（4）创新阶段。这一阶段的时间跨度是2001年至今，当跨入21世纪，教育部积极地推动创新与改革，使中国的高校进入一个全新的发展阶段。这一阶段以共建高校、继续深化管理创新以及布局调整为核心策略。为了支持区域经济及社会发展，各个高校积极争取国家资源，整合校内资源，并吸纳社会资源。因此，高校的运作机制在这一阶段发生了重大变革，主要表现为地方高校共建与资源整合新机制的建立与实践。在这个过程中，高校的管理与布局开始从高度集中向分散的方向发展，形成了更加多元化的管理模式，大大推进了教育资源的优化配置。这不仅加强了各高校之间的合作，还激发了社会各方的参与和投入。与此同时，这种新的管理模式也进一步推动了高校自我创新和发展的能力，使高校能够更好地适应社会经济发展的需要。然而，改革与创新并非一蹴而就，而是需要在长期的实践中不断探索和完善。近年来，为了提升人才培养的质量，教育部在全国高校大力实施了教学质量以及教学创新的工程。这一举措旨在通过优化教学方法和改革教育体制，提升高校的教学质量和教学效果。

在高等教育管理创新的过程中，政府公共服务职能的强化与改变占据了核心地位。实现这一转变的目的是提升对高校的管理水平，更好地保障高校的办学自主权。这一改变不仅使政府的角色更加明确，还梳理了政府、学校与社会之间的关系，并引导构建和完善现代大学制度。通过这样的创新，不仅解决了部门办学和重复建设的问题，还优化了资源配置，显著提高了办学质量和效益。具体来说，高等教育管理创新带来了一系列影响深远的变革，一是推动了高校的合作与整合，这样做既减少了资源的浪费，又提高了教育资源的使用效率。而这种变革并不仅仅限于学校内部，同样也影响到了中央与地方的关系，通过科学化和规范化的管理体制，使政府在高等教育领域的治理能力得到了显著提升。二是推动了多学科的融合，提高了办学质量，有利于人才培养和素质教育。比如，新创办的综合性大学和多科性大学，不仅提供了更多学科的教育，拓宽了学生的知识面和视野，还使综合性、多科性大学成为高等教育的新增长点。高等教育管理创新还体现在如何处理政府、学校与社会之间的关系。通过强化和改变政府的公共服务职能，更好地理解并尊重高校的办学自主权，这样可以提高政府对高校的管理效率，激发高校的创新活力和动力，从而推进教育高质量发展。

在整个创新进程中，始终把握住将高等教育管理创新与高校布局结构调整相结合，将普通高等学校与高等学校的体制、布局调整相结合，将高等教育管理创新与高校内部管理创新相结合。这样的改革得到了广泛的社会认同，也为中国高等教育的发展注入了新的活力。高等教育管理创新有助于加强学校与社会、企业的联系与合作，通过深化产学研合作，高校可以更好地了解社会和行业的需求，培养更多符合市场需求的人才。企业和社会可以通过与高校的合作，共享高等教育资源，提高创新能力，为经济发展和社会进步提供强有力的人才支持。高等教育管理创新还关注高校师资队伍的建设，加强教师培训，促进教师专业发展。这有助于提升教师的教育教学水平，培养更多高质量的人才。激发教师的创新精神和教育热情，使高校在教育、科研等方面取得更多的突破和成果，为国家的科技创新和发展提供有力支持。高等教育管理创新推动了高校内部管理的变革，通过加强内部管理，提高高校的治理水平，促进教育公平和质量。高校内部管理创新还关注学生的个性化发展，鼓励学生自主学习、独立思考，培养出更具创新精神和实践能力的人才。在全球化背景下，高等教育管理创新更有助于提升中国高校的国际竞争力。通过引进国际先进的教育理念和管理经验，加强与世界各国高校的交流与合作，中国高等教育将更好地融入世界，为国家的发展和人类文明进步做出更大的贡献。

（二）高等教育管理创新的成就与经验

1.高等教育管理创新的成就

当前，我国高等教育管理创新取得了显著的进展，实行中央和省、自治区、直辖市两级管理，以省级政府为主的体制。这种改革旨在充分发挥各级政府的作用，实现优化资源配置、提高教育质量、促进地区协同发展等目标。在这一背景下，中央政府简政放权，扩大了省级政府的教育决策权和对中央部门所属院校的统筹权，给地方政府以更大的灵活性和自主权，这一改革的成就主要体现在以下几个方面。

（1）中央政府在高等教育管理方面的角色变化。改革开放以来，随着我国高等教育体制的不断改革，中央政府在高等教育管理中的角色发生了明显变化。从过去的全面包揽高等教育管理到现在逐步向宏观管理转变，中央政府在高等教育领域的职责逐渐调整。这一变化既有利于发挥地方政府的优势，也有利于提升高等教育的整体水平。中央政府对高等学校的管理已经从微观管理向宏观管理转变。在过去，中央政府直接参与高等学校的日常管理，而现在，中央政府更注重从宏观层面制定政策、规划和调控。这种转变有利于减轻中央政府的管理负担，落实高等学校依法自主办学的权力。随着联合办学、共建共管的创新试验的推广，省级政府对高等教育的统筹权逐步加强。这使地方政府在高等教育领域的权力得以提升，有助于更好地满足地方发展的需求。中央政府对高等教育的集权管理和行政干预局面得以明显改善，有助于激发各地区的创新活力。中央政府管理高等学校的手段也日趋多样化，从过去单一的直接行政管理，转向以立法、拨款、规划、信息服务、政策指导为主要手段的宏观管理。这种转变有助于提高政策的针对性和有效性，使高等教育管理更加科学、有序。虽然在权力下放的过程中，国家在高等教育管理方面的角色有了变化和调整，但国家仍然保持着主导地位。国家是高等教育的主要资助者和管理者，只是在工作性质方面发生了变化。国家将高等教育管理的统筹工作下放，自己承担了在规划和宏观调控方面的主要责任。

（2）地方政府高等教育管理功能的强化。在过去的几十年里，随着高等教育的规模不断扩大，地方政府在高等教育管理中扮演着越来越重要的角色。地方政府在高等教育管理的功能逐渐从过去的人事和政治向地区经济发展的全面参与转变，这种转变有利于更好地整合高等教育资源，促进地区经济发展，对高等学校的自主权也做出了一定的调整。

第一，地方政府在高等教育管理中发挥着政策引导和规划的作用，为了更好地适应地区经济发展的需要，地方政府需要制定有针对性的政策，明确地区高等学校的办学方向和培养目标。这些政策通常包括对地区产业结构的调整、对人才培养模式的改革以及对科研创新的支持等。在此基础上，地方政府还需要制定相应的规划，明确地区高等教育发展的目标和路径，为学校的长远发展提供指导。第二，地方政府在高等教育管理中发挥着资源整合和优化资源配置的作用。地方政府可以在保障高等学校自主权的基础上，加强对本地区高等学校的统筹管理，提高教育资源的利用效率。例如，地方政府可以推动高等学校之间的合作，鼓励共建研究中心和产学研平台，从而提高科研创新能力。地方政府还可以通过对高等学校的资金投入和人才引进等政策的优化，促进优质教育资源在地区内的均衡分配。第三，地方政府在高等教育管理中还发挥着激励和监督的作用。地方政府需要建立一套有效的激励和评价机制，鼓励高等学校积极探索教育教学改革，提升教育质量。地方政府需加强对高等学校的监督，确保其依法办学、规范管理。通过激励和监督相结合，地方政府能够推动高等教育管理创新，提升高等学校的综合实力。第四，地方政府在高等教育管理中发挥着无形的支持与服务作用。为了进一步提升地区高等教育的质量和竞争力，地方政府需要为高等学校创造有利的外部环境。例如，地方政府可以通过优化营商环境，吸引更多优质企业入驻，为高等学校提供更多的实习和就业机会。地方政府可以加强与高等学校的沟通与协作，及时了解学校的需求和困难，为学校提供必要的支持和帮助。

尽管地方政府在高等教育管理中发挥着越来越重要的作用，但如何平衡地方政府的管理权力与高等学校的自主权仍然是一个值得关注的问题。地方政府应当在加强高等教育管理的同时，充分尊重高等学校的自主权，避免过度干预学校的内部事务。只有在地方政府与高等学校之间建立起良好的互动机制，才能够真正推动高等教育管理的创新和发展。

2. 高等教育管理创新的经验

我国高等教育管理创新在高等教育改革与发展中有着举足轻重的地位，不仅是较为重要的一环，更是其中较为复杂、困难的一环，它不仅关系到高等教育的质量和效益，还关系到国家的整体竞争力和社会的进步。经过多年的努力，我国在高等教育管理创新方面已经取得了显著的成果，为当前和未来的高等教育管理创新提供了有益的经验和启示。

高等教育管理创新是推动高等教育改革与发展的内在动力，它涉及教育理念、教学方法、课程设置、人才培养、科研合作等多个方面。正确理解高等教育管理创新的意义，有助于人们更好地把握创新的方向，从而推动高等教育与时俱进，为国家的科技创新、经济社会发展提供有力支撑。高等教育管理创新不能孤立于社会大环境之外，而应与我国当代社会的变革与发展紧密联系起来。只有这样，高等教育管理创新才能更好地满足国家战略发展需求，培养更多符合时代需求的优秀人才。因此，高等教育管理创新应关注国家政策导向、产业结构调整、科技创新战略等方面，以确保高等教育、经济、科技和社会的协调发展。高等教育管理创新应结合我国高等教育管理体制的实际情况，确定创新的方向、目标、分阶段措施。这包括优化学科布局、改变人才培养模式、深化教育教学改革、推动科研合作与成果转化等方面。高等教育管理创新应关注地域差异、学校特色和发展水平等因素，以确保创新措施的针对性和有效性。

整体优化作为高等教育管理创新的基本原则，旨在提高我国高等教育的质量和效益，为了实现这一目标应给予重点关注。我国高等教育管理创新应着力促进区域间的协同发展，打破地域壁垒，推动资源共享。这不仅有利于提高教育资源利用效率，还有助于缩小不同地区之间的教育发展差距。政府可以出台相关政策，鼓励优质教育资源向较落后地区流动，以实现全国范围内的高等教育均衡发展。我国高等教育管理创新应在不同类型和层次的高校之间建立紧密的联系，推动各类高校互补、协同发展。例如，可以加强职业技术类院校与普通本专科院校之间的合作与交流，充分发挥各自优势，推动我国高等教育多元化发展。为了更好地适应市场经济环境，我国高等教育管理创新需要在制度设计和运行机制上进行改革。具体措施包括推进高校内部治理结构的改革，实现高校自主办学；调整与优化财政投入结构，增强高校的财务自主权；深化人事制度改革，优化教师队伍结构，提高人才培养质量；等等。我国高等教育管理创新要紧密结合国民经济和科技发展的需要，推动高等教育与经济社会发展的深度融合。这需要高校充分发挥科研创新优势，为国家经济发展提供智力支持；高校要加强产学研合作，提高人才培养的针对性和实效性。

协调政府与大学的关系应作为高等教育管理创新的主要内容，这样可以使双方更好地发挥各自的优势，促进高等教育的发展。为了协调政府与大学的关系，有三个方面值得人们关注。一是政府可以通过制定政策、提供资金支持等方式，为高校创造良好的发展环境。大学可以根据自身的特点和需求，进行自主发展，发挥其特色和优势。改变政府及其教育行政部门的职能，政府及其教育行政部门应从直接管理转向引导、服务、协调和监督，这意味着政府需要把更多的权力下放给高校，让高校拥有更多的自主权。二是政府应当加强高校的社会责任感，让它们更加关注社会问题，比如扩招带来的就业难等。这样，高校在享有更多自主权的同时，会更加负责任地回应社会的期待。三是完善政府调控方式，政府应充分利用行政命令以外的各种方式协调高等教育的发展。比如，政府可以通过设立奖励性拨款，激励高校提高办学质量和创新能力；通过与企业合作，推动产学研一体化发展，为大学生提供更多的实践机会；通过设立教育监管机构，对高等教育进行有效的监督和管理，确保教育质量不断提高。

高等教育的法治建设作为管理创新工作中的重要环节，其关键在于加强立法工作，保证各项法律的相互协调，避免重复、矛盾和冲突。进入全球化时代，我国的高等教育管理必须在法制方面与国际接轨，要培养一批专业人才，他们熟悉国际服务贸易规则，能够负责对高等教育服务贸易的立法工作。立法是法治的基石，高等教育的立法工作就是要确保法律的合理性和公平性，这对保障教育公平、提高教育质量、优化教育资源配置等方面有着重要的意义。为了避免法律的重复、矛盾和冲突，立法工作必须准确把握教育的性质、功能和特点，科学制定出适应社会发展需要、符合教育发展规律的教育法律。这样才能保证法律在规范教育活动中的有效性，才能为教育事业的健康发展提供有力的法制保障。

第二章　现代高等教育教学概论

高等教育教学作为高等教育的核心活动，承载着培养专业人才、促进个人成长和社会发展的重要使命。它是一个动态的、复杂的过程，涉及多个要素的组合和互动。

第一节 高等教育教学的相关核心概念

一、高等教育

对于“高等教育”这一概念的界定，不同的学者有不同的观点。1999 年出版的教育部人事司组编的《高等教育学》指出，高等教育是建立在中等教育之上的专业教育，是为了培养各种类型的高级专门人才而存在的社会活动。2001 年出版的薛天祥主编的《高等教育学》指出，高等教育是中等教育之后的专业教育。胡建华等著的《高等教育学新论》也给出了对高等教育的定义，强调高等教育的定位，并提到了高等教育的学术性与专业性。[①] 学术性与专业性是高等教育的特性。高等教育既要对知识进行探索和研究，追求理论的深化与拓展，又要注重技能培训和实践，为学生提供更多的实践学习机会。潘懋元在其主编的《高等教育学》中，基于对高等教育的深入理解，指出高等教育的基本定位，认为高等教育是在中等教育的基础上深化的专业教育，高等教育的核心目标是为社会培养具备专门知识和技能的人才。[②]

高等教育是专业教育，具有专业性、学术性和职业性，应使学生既能够在学术上取得成就，也能够在职业上获得成功。高等教育不仅要使学生掌握专门的知识和技能，也要培养学生的创新能力、批判性思维能力和社会责任感。高等教育不仅要满足社会对高级人才的需求，还要为

---

① 胡建华，陈列，周川，等．高等教育学新论 [M]．南京：江苏教育出版社，2006：18.

② 潘懋元，王伟廉．高等教育学 [M]．福州：福建教育出版社，2013：22.

社会的进步和发展提供智慧和力量。

二、高校教学改革

教学是教育活动的核心环节，包括教与学两个方面。教，即教师激发学生的学习兴趣，传授知识、技能，培养学生的创新能力和批判性思维能力等。学，即学生主动参与学习，通过理解和掌握知识、进行实践，逐渐构建自己的知识体系。教学改革通常涉及教育理念、教学方法、课程体系、评价机制等方面的调整和优化。教学改革的目的是使教学更好地适应社会发展需求，满足学生的多元化需求，提高教育质量和效益。高校教学改革是指在高等教育阶段，为了适应时代的发展和社会的需求，在教学方面进行的各种创新和调整。在当前的社会背景下，科技发展迅速，产业结构优化升级，人才需求日益多元化。高校教学改革应紧跟时代的步伐，与产业和社会的发展同步。例如，随着大数据技术、人工智能、生物技术等的发展，高校需要对课程体系和教学方法进行相应的调整，引入新的教学理念和教学方法，培养学生的综合素质和创新能力，以满足当代社会需求。

高校教学改革不是简单地调整教学方式或修改教材内容，而是对整个教学体系的重新审视和创新。这种创新不是盲目的、随意的，而是在明确的教学改革目标和要求下，根据新的教育理念，对教学进行系统、全面的调整和优化。以新的教育理念为指导是推动高校教学改革的关键。教育工作者要有清晰的教学改革目标、充分的准备和明确的计划，只有这样，才能确保改革过程中的每一个步骤都是为了实现预设的目标，从而使高等教育能够满足社会的需求，真正实现高等教育的价值。

第二节 高等教育教学的核心要素

一、高等教育教学的作用与功能

在高等教育持续稳定发展、受教育人群日益扩大的形势之下，“以人为本”的教育思想所占据的重要地位越来越明显。所以，教学活动的目标应考虑教学活动主体，即教师与学生的个人需求，教师通过教学活动向学生传播知识，促进自身的进一步探究[①]，并且能够引导学生获得专业的知识技能训练，使学生获得较强的满足感与成就感。高等教育教学的创新是为了满足社会需求和促进学生全面发展的需要。教学活动是一种相互作用和合作的过程，涉及多方面的需求和期望。社会对教学活动的实际需求是具体且分层次的，不同领域和行业对人才的需求各不相同，这就要求高等教育教学紧密结合社会发展趋势和需求，培养符合市场需求的专业人才。例如，在快速发展的科技领域，教学活动需要注重培养创新能力、科学思维和跨学科合作能力；在社会服务领域，教学活动应注重培养专业技能和社会责任意识。教学创新应积极回应社会需求，调整教学内容、教学方法和评价体系，以提高教育的实际效果和质量。教师作为教学的主导者，对于教学目标、课程设置和教学方法等有自己的期望和理念。而学生作为教学的主体，希望获得有趣且有价值的学习体验，能够培养自己的兴趣、发展个人才能。教学创新需要充分考虑教师和学生的需求，促进教师和学生之间的互动和合作。教师应不断提升自身的教学能力和专业素养，关注学生的个体差异和发展需求，采用多样化的教学方法和评价方式，激发学生的学习兴趣和动力。因此，教学创新应着眼于理解和化解不同需求之间的矛盾与冲突，教师可以通过与学生的积极沟通和反馈机制，了解学生的学习需求和意愿，灵活调

① 韩延明．高等教育学新论[M]．济南：山东人民出版社，2012：23.

整教学内容和教学方法，提供个性化的学习支持。教师还应关注社会的期望和要求，积极参与行业合作和实践活动，将实际问题和案例融入教学中，培养学生解决实际问题的能力。

（一）高等教育教学的作用

高等教育培养了具有专业技能和知识的人才，为社会经济发展提供了重要支撑，这些受过高等教育的人才成为各行各业的核心力量，推动社会经济的进步。高等教育是科技创新的重要源泉，许多突破性的科研成果和创新技术都来自高校，这些创新对于提高社会生产力，推动社会进步有着较为重要的影响。高校承担着传承和发扬人类文化的重任，通过学术研究和教学活动，保持文化的连续性和活力。

（二）高等教育教学的功能

高校通过教学活动，传授专业知识和技能，培养学生的思考能力，为社会提供各类人才，这些人才能够在各自的专业领域中发挥作用，有助于社会的进步。高校还承担着为社会提供服务的职责，包括技术咨询、专业培训、公共讲座等，将高等教育的成果转化为实际的社会价值。作为社会文化创新的重要场所，通过研究和交流，高校不断推动人类文化的发展和创新。

二、高等教育教学的主体与环境

教学主体是指参与教学实践活动并在其中扮演主要角色的人，他们有目的、有意识地进行教学活动以及认识活动，并在其中体现出主体地位。教师作为知识的传递者，是学生学习学术知识和掌握专业技能的主要来源，他们通过讲授课程，传播专业知识，帮助学生提高独立思考、批判性分析和解决问题的能力，可见，教师的专业能力和教学素质直接影响着学生的学习质量。教师在教学活动的设计和组织中根据课程目标和学生需求设计教学计划，确定教学方法和评价标准，组织和调整教学活动。他们能够创建充满挑战性和创新性的学习环境，鼓励学生主动学习，发挥学生的主观能动性，所以教师的创新教学设计和高效教学组织是提高教学效果的关键。教师在学生学习过程中起着引导和推动的作用，通过提问、讨论、反馈等方式，引导学生深入思考，促进他们的学习进步。教师鼓励学生自主学习，培养他们的自主学习能力和生涯发展能力。教师的引导和推动不仅有助于学生理解和掌握知识，更有助于他们形成独立的思考能力和良好的学习习惯。教学环境是相对于教学主体而言的，它是教学活动中除了主体之外的物质的、时空的、媒介的关系等方面的组合。尽管环境在教学活动中处于从属地位，但它对于实现教学目标有着积极的影响。例如，良好的教学环境可以提供舒适的学习氛围、充足的教学资源、适当的教学工具等，有助于提高学生的学习效果和学习积极性。

在高等教育教学中，教学主体和教学环境是不可分割的两个部分，它们相互作用、相互影响，共同构成了教学活动的前提条件。因此，教师应该充分发挥自身作为教学主体的作用，通过适当的教学方法，引导学生在良好的教学环境中自主学习。教师也应该注重营造良好的教学环境，为学生提供良好的学习条件，使他们更好地参与教学活动。只有教学主体和教学环境相互协调、相互促进，才能够实现高等教育教学的有效开展和目标达成。

三、高等教育教学的形式与内容

高等教育教学的形式通常包括课堂教学、课外练习和社会实践等活动，这些活动的形式与内容是相互关联的，也反映了教学活动中主体、环境和内容之间的关系。教学的形式应该与教学的内容相适应，不同的学科领域和课程类型可能需要不同的教学方法和组织方式。例如，在理论性学科中，教师可以采用讲授和讨论的方式，帮助学生理解基本概念和理论框架；而在实践性学科中，教师可以注重实践操作和案例分析，让学生亲身体验和应用所学知识解决问题。因此，教师应具备多样化的教学方法和策略，根据不同的教学内容选择合适的教学形式。教学活动的形式和内容也需要适应社会的不断发展。教学活动应该与社会发展密切相关，以适应社会发展的需要。因此，教学内容的更新和调整也是必要的，以保证教学活动的质量和效果。教师应该具备不断学习和更新知识的能力，以提高自己的教学水平，为学生提供更好的教学服务。

四、高等教育教学过程的特点

高等教育教学是一个连续的、渐进的过程，教学过程是在教育活动中逐步展开和完善的，具有以下几个重要特点。

（一）专业性与综合性结合

高等教育是一种建立在基础教育之上的专业化教育，其教学目标、内容和组织形式都与不同学科专业领域的知识体系相关。高等教育教学活动的综合性也很显著，即在专业性教学内容以及教学情景中，学生的知识、能力、素养、水平等能够得到全方面的培养。高等教育与基础教育最大的区别在于知识的专业性、系统性。高等教育是针对特定专业领域进行的教育，其教学目标和内容都是按照不同学科专业领域的知识体系进行设计的。教学组织的形式也分专业进行，针对不同的学科领域有不同的教学方法和手段。

与此同时，高等教育教学活动的综合性也较为重要。在高等教育中，不仅学生在专业性教学内容方面得到培养，还注重学生全面素质的培养。即使是一门比较专业化的课程，也会安排一定的基本素养以及能力训练的内容与项目，多方位对学生加以培养。这种综合性的教学活动可以帮助学生在掌握专业知识的同时，能够发展自己的思维能力、创新能力和实践能力，提高自己的综合素质和竞争力。

（二）隐性教学与显性教学结合

高等教育教学活动对人才培养的影响与作用趋向于多样化，包括显性活动和潜在的教学活动。传统课堂教学和作业练习等是高等教育教学活动中的显性活动。这些活动直接影响学生的学习效果，能够帮助学生掌握专业知识和技能，提高学生的学习成绩和专业素质。然而，教学活动中还有很多潜在的、隐性的教学活动，如学术报告会、参观学习等，这些教学活动对学生的影响却是深远的，能够激发学生的学习兴趣和好奇心，增强学生的自信心和创新意识，帮助学生发现自己的优势和潜力，并进一步开发和利用自己的优势。这些潜在的、隐性的教学活动具有“养成”和“启发”的作用，帮助学生形成正确的学习态度和价值观念，激发学生的创造性和创新思维，培养学生的社会责任感和团队合作精神。这些隐性的教学活动通常是非正式的、自发的、跨学科的，不同于传统的课堂教学和作业练习，但它们同样重要，能够对学生的成长产生深远的影响。

（三）教学活动与科研活动结合

教学活动是高等教育的基本功能之一，它的主要目的是传授知识，培养学生的基本技能和素质，使他们能够适应社会发展的需要。教学活动的内容通常基于前人的研究成果，是学术知识的传播和推广。在这个过程中，学生通过教师的讲授，阅读相关的文献资料，参加实验和实践活动，学习和掌握相关的专业知识和技能。而科研活动则是新知识的创造和发现，它是学术领域的前沿和高峰，是推动学术进步和社会发展的重要力量。在科研活动中，教师和学生通过深入研究，挖掘和发现新的知识和理论，解决实际问题，推动科技进步。

教学活动与科研活动的结合，可以促进教学和科研的互动。一方面，教师的科研活动可以丰富和更新他们的教学内容，提高教学的实效性。教师通过科研活动，可以获得最新的研究成果和理论视角，将这些内容融入教学中，使教学内容更加丰富和前沿。教师的科研活动也可以提供丰富的案例，使教学更加生动和具有实感。另一方面，教学活动可以促进科研活动的开展。教师通过教学，可以培养和选拔科研人才，为科研活动提供人才支持。教学活动也可以激发学生的学术兴趣和科研热情，促进他们参与科研活动。在教学过程中，教师可以引导学生进行问题探究，培养他们的科研素养和能力，从而为科研活动提供有力的支持。不仅如此，教学活动与科研活动的结合，也有助于提高教育的质量和效果。科研活动可以帮助教师保持对学科领域敏锐的观察力，从而更好地指导学生理解和掌握复杂的理论和概念。学生通过参与科研活动，不仅可以获取更多的学术信息和知识，还可以培养其独立思考和解决问题的能力。此外，科研活动的结果可以直接反馈到教学中，为学生提供更多的学习资源和实践机会。将教学活动与科研活动结合起来，也有助于提升高校的学术地位和影响力。教学和科研是高校的两大核心任务，它们的相互促进可以推动学术研究的深入发展，提升学术成果的影响力。通过教学和科研的相互促进，可以更好地服务于社会，满足社会的需求，提升高校的社会价值和地位。

第三节　高等教育教学观念

一、高等教育教学观念的核心内容

（一）高等教育教学活动主体

教育领域中有两个主要的教育理论：教师主体论和学生主体论。这两种理论在教学活动的指导方针和实践方法上存在明显差异。然而，教师和学生的双主体论融合了这两种观点，提出了一种更为协调的教育方法。教师主体论的核心思想是，教师在教学过程中是唯一的主体。该理论强调教师在教育中的核心地位，认为学生应被视为教师的“原材料”，用以塑造和改变。在这个观点中，学生和教学内容都是教师教学活动的对象，属于教学客体。这种观点主要受到以赫尔巴特（Herbart）为代表的“教师中心说”的影响。与之相反，学生主体论将学生视为教学活动的唯一主体。这一观点源于以杜威为代表的“学生中心说”，强调学生在教育过程中的主动地位。在这个理论中，教师和教学内容被视为帮助学生发展的工具和资源，属于教学客体。

教师和学生的双主体论克服了这两种单一主体论的局限性，提出教师和学生在教学活动中都应具有主体地位。这一观点认为，教学效果并不能仅归功于教师或学生的能动作用，而是两者密切协作和共同影响的结果。在这种理论下，教学内容、教学设施和教学环境都是辅助性的因素，属于教学客体。将教师和学生都视为教学过程中的主体，教师和学生的双主体论强调双方在教育活动中的共同责任和作用。这种理念促使教师和学生互相尊重、协作和共同成长，形成一种更为和谐、有效的教育模式。

对于教学活动中主体与客体的区分，可以从哲学的本体论和认识论角度进行思考。从本体论角度来看，教学活动可以被视为一个整体系统，其中只能存在一个主体。这个主体可以是教师、学生或者教学过程。教师作为教学活动的组织者和引导者，扮演着重要的角色；学生作为教学活动的参与者和学习者，也是教学的主体之一；而教学过程作为一个独立的实践系统，也具备主体性质。在这种观点下，主体与客体的区分主要体现在教学活动的组织、指导和学习过程中。然而，从认识论角度来看，教学活动中的主体与客体的识别可能会有所不同，不同的认识活动角度会对主体的识别产生差异。例如，从教师的角度，教师是主体，学生是客体，教师主导着教学过程并传授知识。而从学生的角度，学生可以被视为主体，他们通过学习和参与主动构建自己的知识体系。此外，还可以从教学资源、教材等角度考虑主体与客体的关系。实际上，教学活动是一个复杂的系统，其中的主体与客体并不是单一固定的概念。不同的角度可以使人看到教学活动中不同的主体，而这种多元性也体现了教学活动的复杂性和多样性。因此，在教学活动中，需要综合考虑不同角度的主体与客体关系，以更好地理解教学过程中各个要素的相互作用和影响。

从教学作为社会实践活动的角度来看，教师在教学活动中是主体，他们担负着组织、引导和传授知识的责任。教师具备专业知识和技能，他们制订教学计划、选择教学方法，并通过教学过程与学生互动，促进学生的学习和发展。教师的角色在教学活动中至关重要，他们扮演着指导者、榜样和引路人的角色。然而，从教学活动的价值关系角度来看，学生也是主体。教学的根本目的是培养学生的能力和素质，使他们全面发展。学生作为教学活动的接受者和参与者，他们的学习意愿、主动性和自我反思能力对教学效果有着重要影响。因此，学生的主体地位在教学过程中应该得到充分重视和发挥。教师应该关注学生的需求和兴趣，激发他们的学习动力，引导他们积极参与教学活动。从认识活动的整体关系出发，教师和学生都可以被视为主体。教师和学生在教学过程中相互影响、相互作用，彼此促进共同发展。教师的指导和引导为学生提供了学习的方向，而学生的学习和参与也对教师的教学方法和教学效果提出了挑战和反馈。因此，在教学活动中，教师和学生的主体地位相辅相成，相互依存。强调教师和学生在教学活动中的主体地位有助于激发学生参与教学活动的积极性，教师的主动性、责任感可以促进教学活动的顺利进行，并确保教学效果的实现。而学生的自主学习、自我教育和自我塑造能力的发展，有助于提高教学效果和学习质量。

认同教师和学生的双主体地位，可以调动双方在各种教学活动中的积极性，根据实际需求，教师和学生各自发挥自身的作用，共同完成教学任务，实现教育目标。从高等教育的教学活动特点来看，这种双主体观念更符合实际教学需求。在教学活动中，教师和学生主体地位的认可不仅仅是权利方面的考量，更重要的是责任的归属，教师和学生在对已知知识和未知知识的认识与探索方面共同承担责任。因此，在这种既要认识已知又要探索未知的高等教育教学活动中，将教师和学生视为共同的主体是理所当然的。①

（二）高等教育教学活动主体关系

双主体观念强调教师和学生在教育过程中的相互依赖和协作，以及在实现教育目标时的共同责任。这种观念有助于教师和学生之间互相尊重、沟通和协同合作，从而更好地实现教育目标和提高教育质量。在具体的教学实践中，教师和学生作为教学活动的主体应充分发挥各自的主动性、创造性和协作性，相互促进、共同进步。教师要关注学生的需求和发展，引导学生发掘潜能，培养学生的自主学习能力和创新精神；学生则要积极参与教学活动，主动探索知识，与教师完成教育任务。

在高等教育中，教学活动的主体具有双重性，教师与学生都是教学活动的主体。为了更好地理解和实践双主体理论，人们需要关注教师与学生之间如何保持有效的互动和沟通。这样可以帮助双方更好地理解彼此的需求、期望和困惑，从而推动教学活动的顺利开展。教师和学生之间应该建立相互尊重与信任的关系，这有助于营造和谐、积极的教学氛围，使双方都能够更好地发挥各自的主体作用。在教师和学生双主体前提下，客体与主体之间的关系相对简单。一方面，客体需要满足主体的需求；另一方面，客体充当着连接教师和学生这两个主体的桥梁。这种关系可以帮助教师和学生在教学过程中更有效地利用教学资源和教学环境，实现教育目标。

① 姚纬明．高等教育管理[M]．南京：河海大学出版社，2004：43.

高等教育教学需要根据学科特点和学生需求选择适当的教学方法和策略，教师应当充分了解不同教学手段的优缺点，并在教学实践中根据实际情况进行创新和调整，以提高教学效果。教师在高等教育教学中具有示范性的作用，应该成为学生的榜样，通过自己的专业素养和教学能力来引导学生。教师的言传身教对学生的学习态度和价值观有着深远的影响，因此教师应该注重自身修养和终身学习，不断提升自己的专业素养和教学能力。教育对象的能动性也是高等教育教学中的一个重要特点，与初等和中等教育不同，高等教育的学生具有较强的主动性和自主学习能力。教师应该鼓励学生参与课堂讨论、独立思考和自主学习，培养他们的批判性思维和解决问题的能力。教师可以通过激发学生的兴趣和好奇心，引导他们主动参与教学活动，从而促进他们的学习和成长。教学情境的复杂性也是高等教育教学的一个特点，高等教育涉及的学科众多、知识体系复杂，学生背景多样，教学环境也需要多样化。教师需要适应不同的情境，灵活运用教学策略和资源，以满足学生的学习需求和培养目标。高等教育的培养目标通常是长期的、渐进的，教师需要具备耐心和毅力，通过教学实践和反馈机制，不断调整和改进教学方法，以实现学生的全面发展。

作为高等教育教学活动的核心参与者，教师和学生共同构建了教育过程。在这个过程中，学生的积极参与不仅丰富了教学活动的多样性，还在很大程度上决定了教学成果。随着高等教育普及化的推进、终身学习理念的深入和学习型社会的构建，高等教育领域的学生群体日益多样化和复杂化。一般而言，高等教育的学生来自不同的民族、地域，年龄主要集中在青年时期。这些学生的生理发育接近成熟，心理变化逐渐稳定，自我意识日益强烈，且已经接受了基础教育。然而，这只是高等教育学生的基本特征，实际情况要比这更为复杂。随着 21 世纪以来高等教育政策的调整、大众化教育的推进，以及越来越多的年轻人提前进入高等教育阶段，学生的年龄、心理和生理特征已经超越了原有的界定和认知。如果将硕士研究生和博士研究生纳入考虑范围，那么这些基本特征更加有限和狭隘。因此，高等教育学生的多样性要求教师在教学过程中关注个体差异，根据学生的特点和需求制定合适的教学策略。教师应该关注学生的心理和生理发展，引导他们在学术和个人成长方面取得更大的进步。总之，高等教育学生的多样性和复杂性为教育领域带来了挑战，也为教师提供了更多发展和创新的机会。

学生参加高等教育的学习目标和动机是多样的，而理解他们的需求对高等教育教学活动的成功至关重要。学生的学习目标和动机是影响他们参与教学活动的关键因素，也是他们作为教学主体的重要特征之一。高等教育设定了一系列的人才培养目标，但实际上，学生的个体目标和动机可能与之不同。每个学生都有自己独特的需求和追求，他们希望通过高等教育获得职业或专业培训、发掘和发展个人兴趣的机会，最终提高收入水平。对于一些学生来说，高等教育是为了获取专业知识和技能，以在职场中获得竞争优势。而对于其他学生来说，高等教育是为了探索个人兴趣、培养终身学习的能力，以实现自我发展和个人成就。教师应该充分了解学生的学习目标和动机，并为他们提供相应的支持和引导。通过与学生的互动和沟通，教师可以了解学生的兴趣、需求和期望，从而调整教学内容和方法，创造积极的学习环境。例如，教师可以将实际案例和实践经验引入课堂，以满足学生对职业培训的需求；教师可以鼓励学生参与讨论和研究，以激发他们的兴趣和探索精神。学生的学习目标和动机是多样化的，因此高等教育应该提供多样化的学习机会和支持措施。学校可以开设丰富多样的课程，包括实践项目、实习和实训等，以满足不同学生的需求。学校还应建立与企业和社会的合作关系，为学生提供与实际工作相关的机会和资源，帮助他们更好地实现自身发展目标。

学生的学习态度和方式是由多种因素共同决定的，包括目标、基础知识和情感。目标明确的学生通常具有积极的学习态度；具备扎实的知识基础和能力的学生，其学习方法和参与程度往往更为得当。不同情感类型的学生，如依赖型、独立型、表现型和沉默型，对教学活动的态度和影响也各不相同。因此，在高等教育教学过程中，教师需要关注学生的学习目标和动机，为他们提供个性化的教学支持。教师应深入了解学生的知识基础和情感特点，以便采取适当的教学方法和策略。在这个过程中，教师与学生之间的互动和沟通是至关重要的，以确保教学活动能够满足学生的需求，促进他们的全面发展。

（三）高等教育教学活动主体关系模式

教学活动可以被视为教学主体间的人际互动过程，在高等教育中，教学活动涉及多个参与者，每个教学环节都包含了不同教学主体之间的互动关系。每一对主体间的关系动态平衡及变化都会对教学活动产生影响，高等教育教学活动具有鲜明的个体性和综合性特征。因此，在高等教育中，教学主体之间实际上存在三对主要关系：师生关系是最为核心的，而师师关系和生生关系则处于辅助地位。为了实现高质量的教学活动，这三对关系需要平衡发展。这意味着要加强师生间的互动与沟通，鼓励教师之间的合作与交流，以及促进学生之间的合作与探讨。通过优化这些关系，教师可以提高教学质量，更好地满足学生的需求，为他们提供更丰富的学习体验和更广阔的发展空间。

师生关系是学校教学活动中普遍存在且受到高度关注的一种行为主体互动模式，是一种特殊的社会人际关系，它以教学任务为纽带，通过“教”与“学”的手段构建而成。在教学活动中，师生关系是高等教育最基本且占主导地位的人际关系。随着时间的推移，新型师生关系在结构上呈现为教师与学生之间的“一对一”“一对多”“多对一”以及“多对多”的复杂网络系统，发挥这个网络系统的功能是高等教育教学活动所要完成的任务和追求的目标。为了实现这一目标，人们需要关注师生之间的沟通和互动，打破传统的主从关系，提高学生的主动性和参与度，尊重个体差异，实现个性化教学。教师之间的交流与合作以及学生之间的协作探讨也不容忽视，这些都是构建新型师生关系的重要组成部分。

在高等教育教学活动中，师师关系是一个重要且值得关注的方面。师师关系指的是教师群体内部的多方关系，包括主讲教师与助教、理论教师与实验教师、教师与教学调度人员等之间的配合关系。这种关系的特点在于长期性、利益性和人格性，对教学活动的展开和最终效果都有着直接的影响。从对立性的角度来看，师师关系可能存在一些问题，如学术流派、师承传统和利益纷争等。教师群体内部的不和谐关系可能导致教学环境紧张、合作不畅，甚至影响教学质量。因此，打造一支专业的教师队伍对高等教育教学的有效开展至关重要。为了促进师师关系的良好发展，教育机构应注重教师之间的沟通与合作。教师可以通过定期的教研活动、学术研讨会和教学观摩等形式，加强彼此之间的交流与合作。这些活动可以促进教师之间的相互了解，增进彼此之间的信任与尊重，共同探讨教学问题、分享经验和教学资源。教师之间的专业发展和学术交流也是提高师师关系的有效途径，教师可以共同参与学术研究项目、撰写论文、参加学术会议等，以提升自己的学术能力和教学水平。通过学术交流，教师可以分享最新的教学方法和理论，相互启发、相互借鉴，共同提高教学质量。教育机构在组织教师培训和发展方面也应给予重视，提供专业的培训课程和资源，帮助教师不断更新教学理念和方法。教育机构应建立良好的激励机制，鼓励教师参与教学改革和研究项目，激发他们的积极性和创造力。

生生关系在高等教育中具有重要的意义，指的是同辈学生之间建立的多样化联系。这种关系的形成包括同年级、同专业学生形成的正式稳定关系、不同年级但具有相同学习兴趣的学生之间的师兄弟姐妹关系，以及由教师主导建立的主题性组织关系，如电子协会等。尽管生生关系的形成有一定的随机性，但一旦建立，通常会呈现出相对稳定的状态。

生生关系在学生大学期间发挥着重要的作用，为学生提供了学习和成长的机会，同学之间可以相互交流、分享知识和经验，互相学习和促进。学生通过与同龄人的互动，可以拓宽视野、开阔思维，培养批判性思维和合作精神。生生关系也为学生提供了情感支持和社会支持，大学生常常面临各种挑战和压力，而与同龄人建立深厚的友谊可以帮助他们共同面对困难，分享喜悦，减轻心理压力，并提供情感支持。生生关系还能够促进学生社会适应能力和人际交往能力的培养，为他们未来的成功打下基础。生生关系不仅对学生个体有影响，还对教学活动有影响。学生之间的互动和合作可以促进知识的共享和协作学习，提高创新思维和解决问题的能力。同学之间的竞争和合作也可以提高学习动力，激发学术和热情。生生关系还可以促进学习氛围的形成，促进学生之间的互助学习和集体学习，进一步提高教学效果。为了充分发挥生生关系的积极作用，学校和教师应当鼓励学生开展各种形式的互动和合作，从而提高学习效果，培养团队精神和领导能力。学生之间的相互支持和鼓励也有助于营造良好的学习氛围，提升个人素质和综合能力。同学之间的关系网络还为学生提供了更广泛的资源和机会，有利于学生在校内外建立人脉和发展职业生涯。

二、高等教育教学观念的演变

在高等教育领域中，教学观念主要通过人才观、质量观和效率观等方面来体现。

（一）人才培养观念的形成

高等教育的核心使命是人才培养，而实现这一目标的主要手段便是教学活动。为了适应高等教育的发展和人才培养要求的不断提高，教育工作者需要明确新的教学要求和核心地位。学生需要成为高素质人才，因此对教学活动提出了新的要求。一方面，需要在理论教学与实践教学之间掌握好平衡，在不忽视理论教学的同时，加强实践教学。另一方面，要协调学校教育与社会教育之间的关系，避免走向极端，并减轻学生在时间、经费和心理方面的负担。高等教育教师必须将教学置于首位，认真履行教师的基本职责。要加强实训基地建设，建立产学研一体化机制，以促进人才培养的全面发展。这不仅可以利用科研活动培养学生的实际能力，还可以加强学校与社会之间的联系和协作，培养学生的实践能力和职业素养。

（二）以专业教育为主的教育思想的形成

在国际高等本科教育领域，专才教育和通才教育是两种主要的教学模式。专才教育模式以俄罗斯和德国为代表，注重学生在校期间的学习时间和实践训练。它强调培养学生的专业技能和专业知识，为他们在特定领域成为专家或专业人士打下基础。这种模式在一定程度上能够培养出具备深厚专业素养的毕业生，他们在特定领域有较高的就业竞争力。然而，随着改革开放的不断深入，人们意识到专才教育模式存在一些弊端。专才教育过于注重学生在校期间的学习和实践，而缺乏对综合素养和跨学科能力的培养。这使学生在面对复杂的现实问题时可能缺乏综合思考和解决问题的能力。通才教育模式以美国为代表，强调学生在校期间的基础知识学习，并将实践训练放在大学毕业之后进行。这种模式注重培养学生的综合能力、创造力和批判性思维，鼓励学生广泛学习不同领域的知识，并将其应用于实际问题的解决。在我国，专才教育模式和通才教育模式逐渐融合，重视学生的综合素质培养，注重发展学生的创新能力和批判性思维，强调学生的专业知识和实践能力的培养。这种融合模式旨在培养既具备专业素养又具备跨学科能力和综合素质的高素质人才。如今，许多国家和地区正努力探索将这两种教育模式相互融合的新方法，以便结合各自优点，为学生提供更全面的教育体验。例如，一些学校试图在培养学生基础知识的同时，加强实践训练，使学生在毕业时既具备扎实的理论基础，又具备实际操作能力；另一些学校则通过引入跨学科课程，促使学生拓宽视野，培养跨学科的思维方式。

随着社会需求的变化和世界科技的快速发展，人才培养和社会工作面临的问题越来越复杂。因此，现代专业教育思想不仅要注重技能的培养，还要关注素质教育，以培养全面发展的人才。随着社会的发展，高级专业人才需要具备更广泛、更全面的素质和能力。例如，人员合作、协调和组织能力等综合素质的要求日益提高。因此，现代专业教育思想需要注重学生的基础知识、广泛的知识面、较强的能力以及道德、思想和身心素质的全面发展。高等教育可以帮助学生适应科技发展和社会需求的变化，更好地为社会做出贡献。高等教育要不断改进和创新，适应社会的发展和变化，提高教育教学质量，培养更多的具有全面素质和能力的高级专业人才。因此，现代专业教育思想的发展应当坚持科学的态度，不断探索和创新，以适应社会的变化和发展需求。

综合素质教育思想以自由教育、人文教育和普通教育等多种形式出现，逐渐取代了传统意义上的专门人才培养模式，要求“拓宽专业口径，增强适应性”，将专业教育转向更加关注通识教育的理念。原本专注于科学技术“精、深、专”的教育目标，逐渐被追求“德才兼备”和“文理兼备”的全面发展型人才取代。人文素质教育的目标并不仅限于为理工科学生传授人文科学知识，而是旨在为所有学生提供全方位的人文品格和人文精神教育。

（三）终身学习以及终身教育观念的形成

传统职业教育观念认为，高等教育在教育体系中是人生教育活动的终结。然而，鉴于世界科技的快速发展以及全球性社会工作的持续演进，联合国教科文组织的一系列报告引发了以素质教育思想为基础的终身教育和终身学习观念在高等教育领域的传播。高等教育究竟是终结性教育还是基础性教育成为学术界激烈争论的焦点，特别是在高等教育达到大众化乃至普及化的程度后，其基础性越发凸显。高等教育不仅要为学生未来成为科技人才、从事科技职业奠定知识、能力和继续学习打好基础，也要为学生未来面对社会的需求做好准备。因此，高等教育人才培养必须更加关注较广泛的学科领域、较扎实的基础知识和较强的学习与研究能力，也需要为在职人员提供继续学习的机会和条件。在这个背景下，人们需要树立终身学习和终身教育的意识，将其融入高等教育体系。通过将终身学习和终身教育的理念与实践相结合，培养出具备广泛知识、强大能力和持续学习动力的人才，从而适应社会和科技发展的不断变化，为个人和国家的持续发展做出贡献。

（四）以学生为本的个性化教学观念的形成

在全球范围内，一场学习革命正在推动高等教育教学模式进行历史性的变革，以适应不断变化的受教育群体，这成为高等教育教学创新的指导原则和发展方向。教育焦点从单纯地掌握知识转向更加关注智力发展和能力培养，这意味着教育不再仅仅关注学生掌握的知识数量，而是关注他们如何运用这些知识解决问题，并在此过程中培养学生独立思考和创新能力。高等教育从只关注专业知识和能力培养转向同时关注拓宽知识面，培养具备多种能力的复合型人才，这包括外语能力、管理能力、交往能力等各方面的综合素质，以适应日益复杂、多元的社会和职业需求。高等教育从单一的培养方向转向关注发挥学生的特长和学习潜力，这意味着教育体系需要更加灵活多样，以适应不同学生的个性、兴趣和发展方向，充分激发他们的创造力和潜能。高等教育从强调理论知识转向注重实际知识的掌握，注重理论与实践相结合，这意味着在教学过程中，不仅要让学生掌握扎实的理论基础，还要提供实践机会，使他们将所学知识应用于实际工作和生活中，从而培养出具备实践能力的高素质人才。

适应个性化教育，做到因材施教，促进学生全面发展是教育领域的基本原则。教师需要在教学管理、教学环节和教学方式等方面进行创新，实现多样化和个性化的教学体验。这意味着在培养人才时，教师既要拓宽专业领域，也要坚持对各专业进行有针对性的培训。教师需要设定明确的人才培养目标和基本标准，给予学生自由发展的空间，在加强教学工作计划性的同时，要为学校、专业、教师和学生提供更大的灵活性。在教学管理方面，高校可以实施选课、选专业等灵活的制度，使学生可以根据自己的兴趣和发展方向选择课程，从而实现个性化发展。教师可以根据学生的需求和特长因材施教，提高教学质量和效果。教育机构可以鼓励教师采用多种教学方法，以满足不同学生的学习需求。例如，可以运用在线教育资源、实践课程、翻转课堂等创新教学方式，让学生在多元化的教学环境中学习。教育机构应加强与企业、产业界的合作，为学生提供实习、实训等机会，帮助他们将所学知识运用于实际工作中，从而培养出更具实践能力的人才。

三、高等教育教学观念变革的趋势

（一）落实科学发展观

发展是科学发展观的第一要义，其中包含了高等教育的进步和人类的成长。以人为核心，高校必须确保人才培养工作全面、协调且可持续发展，这也符合终身教育和学习型社会的基本理念。落实党的教育方针，深入实施素质教育，坚定不移地遵循“巩固基础、深化认识、提高水平、拓展发展”的指导方针。高校要遵循高等教育的基本规律，牢记培养人才是高等教育的核心使命，质量是高等教育的生命线，教学是高校的中心任务，这些观念都是新时代高等教育教学的创新理念。为了实现这一目标，政府需要加强对教育资源的投入，优化教育结构，鼓励创新和实践，促进教育公平。教师需要关注学生的个体差异，提供个性化的教育方案，以满足不同学生的需求。培养学生的创新能力和批判性思维也是教师应该关注的重点，以帮助他们更好地适应未来社会的挑战。在这个过程中，教师的角色至关重要，高校应该致力于培养一支高素质的教师队伍，不断提高教师的教育水平和教学能力，使他们能够为学生提供更好的教育，加强教师与学生之间的互动，关心学生的成长和发展，激发学生的学习兴趣和积极性。

通过实施这些创新理念，有望在高等教育领域取得更加显著的成果，为社会培养出具备专业知识、综合素质高、具备创新精神和社会责任感的优秀人才，为国家的繁荣发展做出更大的贡献。

（二）落实大教育观

通过创新高等教育资源共享来提高教学质量有着重要意义，为了实现这一目标，应从多个方面入手。第一，建设数字化资源中心和数字化学习中心，为全国高等教育提供精品课程和立体化教材，实现数字化学习的服务功能。第二，确定创新突破口，引导高等教育教学创新的方向，实现高等教育规模、结构和质量的协同发展。第三，调动政府和学校等各方面的力量，充分利用各方面的资源和支持，提高高等教育在提高质量方面的实际成效。第四，注重教学创新和教师培养，教师是高等教育的核心力量，必须为他们提供持续的培训和发展机会，以确保他们的教学质量得到提高。第五，注重课程设计和评估，以确保教学内容和方法能够满足学生和学科的需求。第六，需要注重教学质量的评估和监测，以及建立学生学习体验和教学效果的反馈机制，以便及时纠正不足，完善教学质量评价机制。这些措施的落实需要政府、学校和社会各方的支持和努力，共同推动高等教育质量的提升和发展。

（三）高等教育教学的创新

面对 21 世纪高等教育的挑战，教学创新被视为实现教育质量提升和高等教育目标的关键。教育工作者需要在两个关键领域进行创新：教学制度和教学活动。除此之外，有效的激励机制也必不可少。

教学制度的创新对推动教学质量的提升起着核心作用，教学评估制度和专业认证制度作为制度创新的重要内容，其作用不可忽视。教学评估制度的建立可以帮助人们理解教学质量的现状，为教育机构和教师提供指导，帮助他们了解教学活动的优点和不足，并采取相应的改进措施。它将教学质量的提升落实到实际的教学活动中，使之具有更高的效率和效果。而专业认证制度则是保障教育质量的重要手段，通过设定一系列的专业标准和认证流程，确保教育机构在培养学生方面达到一定的质量标准。这种严格的质量保障制度可以推动教育机构提升教学质量，提供更高质量的教育服务。因此，需要进一步完善这些制度，使其更加科学化和规范化，更好地服务于教学质量的提升。

教学活动的创新也是教学质量提升的关键，教学团队的建设和学生主体地位的强化是其中的重要策略。高质量的教学团队不仅能够提供优质的教学内容和服务，还可以传递积极的教育理念，激发学生的学习动力。突出学生的主体地位，提升他们的自主性和责任感，培养他们的创新精神和批判性思维。为此，需要进一步创新教学活动的设计和实施，包括利用新技术和新方法，以更有效地促进学生的学习和发展。

有效的激励机制是推动教学创新的重要工具，如奖励制度可以激励教师积极参与教学研究和创新，激发他们对教学工作的热情和投入，从而提升教学质量。这包括对教师在教学研究和创新中的贡献进行公开表彰，或是提供更多的研究资源和机会。激励机制也可以帮助教师引导学生，培养他们积极学习的态度和行为。例如，教师可以设定一系列的奖励，以鼓励学生更加积极地参与课堂活动，完成学业任务，展示他们的学习成果。这样的机制可以帮助学生保持积极的学习态度，激发他们的学习热情，从而提升学习效果。

为了实现高等教育教学的创新，教育工作者需要制定一套科学的、切实可行的策略，并进行持续的、深入的探索。教育工作者需要在各个层面进行创新，从教学制度到教学活动，从激励机制到教学团队建设，教育工作者应建立一个开放的、包容的教学环境，鼓励所有的教育参与者——教师、学生、行政人员等都参与教学创新，共同为提高教学质量做出贡献。提倡反思和自我改进的文化，鼓励教师和学生反思自己的教学和学习，以便更好地理解他们的需要和问题，从而进行有效的改进。创造一个充满挑战和机遇的环境，让所有的教育参与者都有机会和空间去创新，去尝试新的教学方法和策略，去探索未知的领域。

第四节　现代高等教育教学方法

许多学者和教育家探寻高等教育教学方法，如薛天祥提出的课堂教学方法、自学与自学指导方法、现场教学方法、科研训练方法的“四分说”，陆兴提出的组织与实施学习认识活动方法、刺激与形成学习认识动机方法、效果检查与自我检查方法的“三分说”，都是为了帮助人们更好地理解教学方法。需要强调的是，对于高等教育教学方法的认识应该始终关注教学活动本身。教师要重视教学活动的本质，并根据教学活动的需求和特点来选择合适的教学方法。首先，教学方法应该是有针对性的。教师应针对特定的教学目标和学生需求选择合适的教学方法。其次，教学方法应该是多样化的。教师应采用不同的方法来激发学生的学习兴趣和提高教学效率。再次，教学方法应该是灵活的。教师应根据学生的反馈和教学效果来调整和改进教学方法。最后，教学方法应该是持续发展的。教师应不断更新和改进教学方法，以适应不断变化的教学环境和学生需求。

高等教育教学活动的核心目标是提高教学水平和教育质量，以实现培养目标。要实现高等教育的目标，教师应采用适当的教学方法。教学方法是用来传授知识和培养能力的方法、途径和手段。课程是学科知识体系的分化单元，课程教学是高等教育实施专业人才培养的途径。因此，研究高等教育教学方法必须把课程作为基点。另外，教材建设、人才培养方案等也需要得到充分关注。下面主要分析高等教育教学方法的特点和创新原则。

一、高等教育教学方法的特点

（一）内隐性

教学方法应具有一定的内隐性，不仅能教化学生，还能满足学生不同时期和处境下的不同需求。内隐性教学方法能够使学生在潜移默化中接受教育，能够实现“不教而教”，达到“润物细无声”的教育效果。内隐性是教学方法普遍特点之一，需要在教学实践中得到充分体现。

（二）微观性

教学方法的研究主要是研究局部、具体的问题。教学方法具有微观性。教师应充分认识到教学方法的微观性，在教学中根据具体的教学内容和学生情况选择合适的教学方法，提高教学效率，促进学生全面发展。

（三）复杂性

教学方法具有复杂性的特点，因为教学过程存在不确定性因素。教师要充分认识教学方法的复杂性，在教学中随机应变，灵活调整和运用教学方法，以提升教学效果。

（四）丰富性

教学方法具有丰富性的特点。首先，教师应了解多种多样的教学方法，以便在教学中灵活运用教学方法。其次，教师应充分认识到教学方法的丰富性，根据具体的教学情况采用不同的教学方法，而不拘泥于少数几种教学方法，从而调动学生的学习积极性，提高教学效率。

二、高等教育教学方法创新的原则

在当前的社会背景下，高等教育教学方法的创新显得尤为重要。这不仅有利于提高教育质量，培养创新型人才，还能满足社会发展的需求。为了更好地实现高等教育教学方法的创新，教师需要结合实际情况，遵循一定的原则。

（一）以学生为中心

以学生为中心是现代教育中一种重要的教学理念，其核心是以学生为主体，关注学生的需求和兴趣，营造有利于学生全面发展的教学环境。在以学生为中心的教学理念下，教师需要重视学生的思考和所提出的问题，以引导式、启发式的教学方法，培养学生自主学习的能力。这种教学方法不仅关注学生的学习效果，还关注学生的学习过程，培养学生的学习兴趣和自主学习能力。因此，在教学中，教师应该鼓励学生提出问题，通过讨论、实践等方式，让学生在自主探究中获得知识和技能。以学生为中心的教学理念也强调了教师在教学中要重视学生的兴趣和需求。教师可以通过了解学生的爱好和特长，设计适合他们的教学内容，采用适合他们的教学方法，使学生全身心投入学习中。例如，在课堂教学中，教师可以通过让学生选择自己感兴趣的话题或读物，激发学生学习的热情和兴趣，也可以通过不同的教学手段（如演讲、写作、阅读等）满足不同学生的学习需求，让学生在不同的学习环节中都能够得到发展和提高。以学生为中心理念强调了教师在教学中要尊重学生的差异性和多样性，应该关注学生的个性和特点，针对不同学生采取不同的教学方法和手段。

（二）注重实践性

在高等教育教学中，教师应注重实践性教学，选择教学方法时遵循实践性原则。实践性教学可以将理论知识与实际操作相结合，引导学生将所学知识应用于实际中，增强学生的实践操作能力和创新能力，提高学生的就业竞争力。实践性教学包括实验、实习等多种形式。实验教学法是一种重要的实践性教学方法。通过实验，学生可以运用理论知识进行实际操作。在实验教学中，教师可以引导学生进行问题探究，让学生在实验中通过自己的思考和实践，深化对理论的理解。实习法也是高等教育中一种重要的实践性教学方法。通过实习，学生可以将所学的理论知识应用于实际工作中，锻炼实际操作能力和对知识的实际应用能力。教师运用实习法教学，还可以帮助学生更深入地了解所学专业，了解职业发展的机会和挑战。实习是培养学生职业素养和就业能力的重要途径。

（三）促进学生交流、合作

促进学生之间的交流与合作已经成为一种重要的教学方法。教师可以通过设计团队合作项目等方式，鼓励学生之间的交流与合作，帮助学生提高团队协作精神和沟通能力，从而更好地适应未来社会的需求。团队合作项目是一种较为有效的促进交流与合作的方式，在这一项目中，教师可以将学生分成小组，让学生在团队中合作完成任务。在团队合作中，学生需要倾听他人的意见、表达自己的观点、协调解决问题，从而培养学生的团队协作精神和沟通能力。团队合作可以增进学生之间的友谊和信任，培养学生的自信心和自尊心。除了团队合作项目，教师还可以采用其他方式促进学生之间的交流与合作。例如，在课堂中，教师可以引导学生进行小组讨论，让学生分享自己的观点，从而加深学生对知识的理解和掌握。在实践性教学中，教师也可以让学生在团队中完成实验或实习任务，从而增强学生的实践操作能力和团队协作精神。促进学生之间的交流与合作还可以帮助学生更好地适应社会需求，在现代社会中，团队合作和沟通能力已经成了重要的职业素养之一。因此，通过促进学生之间的交流与合作，教师可以帮助学生培养这些重要的职业素养，为学生的未来发展奠定坚实的基础。

（四）创新评价体系

在教学方法创新的过程中，评价体系的改革也是较为重要的。除了传统的考试评价方式外，教师还应该关注学生的课堂表现、团队合作能力、创新实践能力等多方面因素，构建系统、科学的评价体系，以更好地反映学生的学习状况和能力水平。教师可以通过课堂表现来评价学生的学习情况，课堂表现包括学生的思考能力、问题解决能力、自主学习能力、合作能力等。教师可以通过课堂观察、小组讨论、提问等方式来评价学生的课堂表现，从而更全面地了解学生的学习情况。在教学中，教师应该注重培养学生的团队合作能力，并将其作为评价学生的重要因素之一。另外，创新实践能力也是重要的评价因素之一。在现代社会中，创新已经成了推动社会进步的重要力量。教师可以通过课程设计、创新实践项目等方式来评价学生的创新实践能力，系统、科学的评价体系还应该包括多种形式的评价方式，如自评、同伴评价等。通过这些评价方式，可以让学生更好地了解自己的学习情况和能力水平，从而制订个人学习计划与发展规划。

（五）整合信息技术

信息技术是当前时代背景下的重要产物。利用信息技术已经成了教学创新的重要手段。教师可以通过应用网络教学平台、多媒体等，拓宽教学资源的来源渠道，提高教学效率和质量，为学生提供丰富的学习方式。首先，网络教学平台是重要的现代教学工具之一。教师可以将教学资源上传到网络教学平台上，学生可以通过网络教学平台随时随地访问这些教学资源，进行自主学习。其次，教师可以通过网络教学平台开展在线课程、在线讨论等活动，拓宽学生的学习渠道。最后，多媒体教学也是一种比较重要的利用信息技术教学的方式。多媒体教学包括PPT、视频、动画、音频等多种形式的教学资源。通过利用多媒体教学手段，教师可以将教学内容更直观地呈现给学生，帮助学生更好地理解和掌握所学知识。除网络教学平台和多媒体教学外，信息技术还可以应用于教学管理、教学评价等方面。例如，教师可以利用信息技术手段管理学生信息、统计学生作业成绩等，提高教学管理的效率和精度；教师还可以利用信息技术手段进行在线评价、测试等，提高教学评价的科学性和客观性。

（六）教师队伍建设

教师队伍建设是高等教育教学方法创新的重要保障。教师的素质和能力直接关系到学生的学习质量和效果。因此，高校应该重视教师队伍的建设，加强师资培训，提高教师的教育教学能力和创新能力，使他们更好地适应高等教育教学方法创新的需求。

高校应该加强对教师的培训。教师培训是教师专业发展的必要环节，可以帮助教师更好地掌握先进的教育教学理念、方法和技能，提高他们的教学水平。教师培训的内容应该包括教育教学方法、课程设计、教学评价等多个方面。教师可以通过专业化的培训来提高他们的学科知识水平和技能，以更好地服务于学生的学习和成长。

高校应该鼓励教师进行教育教学研究和创新。教师可以开展教育教学研究，探索新的教学模式和方法，促进高等教育教学方法的创新和发展。教师还可以在教学过程中不断探索新的教学方法和技巧，逐步提高自己的教育教学能力和创新能力。高校可以通过设立科研项目、鼓励教师参加学术研讨会等方式来支持和促进教育教学研究和创新。

除教师培训和鼓励教师进行研究和创新外，高校还可以建立多种形式的教师评价机制，鼓励教师参与教育教学研究和创新活动。例如，高校可以建立教学奖项、教学评优等机制，为教育教学创新和研究活动提供支持。高校可以建立教学反馈机制，收集学生对教学过程的反馈意见，帮助教师及时了解学生的需求和反馈意见，不断改进和完善自己的教学方法和策略。

第三章　现代高等教育管理的改革与发展

改革是教育事业发展的根本动力，坚持高等教育事业的改革与发展是决定实现中华民族伟大复兴的关键一招。我国高等教育管理经过几次深化改革，也取得了很多宝贵经验。本章从高等教育管理的多个方面，分析现代高等教育管理的整体发展趋势。

第一节 高等教育管理及高等教育立法的发展历程

一、高等教育管理的发展历程

在中华人民共和国成立初期，教育部对高等教育的管理是按照接管、接收、接办的意见和依法治教的原则，初步形成了中国高等教育管理的基本框架。在管理体制上最初借鉴了苏联模式，探索适合中国国情的管理体制，以中央集权管理为主要形式，形成了与国家的政治经济体制相适应的发展模式。所以，在新的历史时期，中国高等教育管理体制正面临着越来越多的挑战和机遇，需要不断适应国内外的新形势和新需求，不断推进改革和创新。

1952—1953 年，为了与当时的工业发展相适应，中国高等院校进行了院系调整，将高等工程教育作为重点发展方向。高等学校的管理体制主要采用国家行政管理模式。1958 年之后，高校增多，办学形式也不断规范化、多样化。到 1965 年，高等学校数量调整至 434 所，并对规格、任务、方向、专业做了规定，提高了高等教育的质量和效率，为中国高等教育管理体制的改革奠定了基础。20 世纪 70 年代，国家恢复了高等学校入学考试制度，全国高等教育自学考试得到了大力发展，满足了社会不同层次的教育需求，为高等教育发展开启了新的篇章。

为了适应社会的多元化需求，我国高等教育组织模式和管理体系也在不断调整和改革。当前政府已经建立了一个开放多元的高等教育组织模式和管理体系，为社会各层次的人们提供更多样化、更优质的教育资源。高等教育更加开放、透明，更好地利用各种教育资源，形成适应多元需求的网络式教育结构。政府在高等教育发展中扮演着重要的角色，通过政策和规划的制定，调整和引导高等教育的发展方向，提供必要的资金和资源保障，监管和评估高等教育的质量。高校需要与政府进行合理的互动和合作，实现高等教育事业的可持续发展。

二、高等教育立法的发展历程

中华人民共和国成立初期，我国颁布了《高等学校暂行规程》和《专科学校暂行规程》。改革开放以后，国务院相继制定了《高等教育管理职责暂行规定》《中华人民共和国学位条例》《普通高等学校设置暂行条例》《高等教育自学考试暂行条例》《成人高等学校设置暂行规定》等法规，出台《中华人民共和国教师法》《中华人民共和国教育法》《中华人民共和国高等教育法》等一系列教育法律，为我国高等教育领域内的依法办学、依法治学提供了基本的法律依据。特别是《中华人民共和国高等教育法》针对现阶段高等教育改革和发展中的突出问题，调整各类高等教育，增强了法律的可操作性，为高等教育的改革和发展提供了依据和保障，奠定了法律基础。

教育法治与教育管理制度在很大程度上是相辅相成、相互依赖的，教育法治是教育管理工作的法制保障，教育法治提供了教育管理的行为准则，保证了教育活动的公正性和合法性以及教育权益的实现。教育管理制度则是在教育法治框架下的具体实施，是对教育行为的规范和引导，使教育行为能够在法治轨道上进行。教育法治为教育管理制度提供了依据和指导，法治原则是教育管理制度的基石，也是判断教育活动是否合理、公正的重要依据，在法治的指导下，教育管理制度得以规范化和标准化，促进教育公平和质量提升。教育法治为教育管理制度提供了权威和公信力，教育管理制度的有效性和公正性往往取决于其是否符合教育法治原则，教育法治赋予了教育管理制度以权威性，使教育行为在法律规定的范围内进行。而教育管理制度也推动了教育法治的发展和完善，教育管理制度的实践活动是对教育法治原则的具体应用，也是对教育法治原则的检验和修正。通过教育管理制度的实践活动，可以发现和纠正教育法治的不足，促进教育法治的发展和完善。

第二节　高等教育管理改革及发展趋势

一、高等教育管理的改革

（一）实现高等教育管理的自主化

高等教育管理工作的自主化是推动高等教育发展的重要动力。要实现高等教育管理工作的自主化，需要从宏观层面制定政策和规划，给予高校更大的自主权，让高校根据自身实际情况和办学定位，制定适合自己的管理策略和规则。而高校也要积极探索适合自身的改革方式，不拘泥于传统管理模式，积极学习借鉴国内外先进经验，开展校际合作，探索创新性管理方法。高等教育管理体制改革需要更好地与学校的管理活动相联系，提供优质的服务条件，促进管理体制改革的深入推进。高校应加强与地方政府和相关机构的合作，形成资源共享和互利共赢的局面，为高校提供更多的资源和支持。高校还应着力提高创新能力，鼓励教师和学生开展创新性研究，推动教学方法的不断创新与提升，为管理体制改革提供更多有益的实践经验。为了确保高等教育管理体制的改革朝着正确的方向发展，需要建立科学、客观的管理评估体系。高校可以通过建立评估指标体系，对管理工作进行系统的评估，从而找出问题和不足，为改革提供依据和方向。评估结果也可以为高校的管理改革提供宝贵的参考意见，促进高校在管理体制上不断优化和创新。

（二）树立高等教育管理创新理念

当前我国社会主义经济发展对教育事业的发展带来了新的变化和更高的要求。在这种背景下，为了提高国内高校的教学管理工作效率，确保形成有利的社会竞争形势，需要不断调整管理理念，构建更合理的管理体系，形成一套创新的管理理念。高等教育管理体制的创新需要明确目标和导向，各大高校应明确自身的定位与使命，以国家发展需求为导向，树立科学发展观，坚持以立德树人为根本任务，积极探索高等教育管理的适宜路径。还要积极借鉴国内外成功的管理经验和先进的教学理念，为高等教育管理的创新提供参考和借鉴。我国有着悠久的传统文化和价值观念，高等教育管理体制创新不能脱离这一基础。各大高校在改革教学管理理念时，需要深入理解和探究传统文化，传承和发展传统优秀文化。在传承中注重创新，将传统文化与现代教学相融合，形成更适应时代需求的教学理念和管理实践。高等教育管理改革需要更新教学思想，不断拓展教育理念。各大高校要敢于打破传统教学模式的束缚，积极推动创新教育方法和教学技术的应用。鼓励教师运用现代教育技术，推动课堂教学与实践教学相结合，激发学生的创新思维和学习兴趣，为培养高素质人才提供更加多样化和有效的途径。高等教育管理体制创新的根本目标是为社会培养更多的高素质人才。各大高校要从管理理念出发，注重学生全面素质的培养。要重视学生的创新能力、实践能力和团队合作精神的培养，让学生得到全面发展。高等教育管理体制的改革与创新是一个持续的过程。各大高校要建立健全教学管理改革的长效机制和激励机制，推动创新的教学管理实践不断深入发展。高校要鼓励教师和管理人员积极参与管理改革的实践与探索，提供必要的支持和奖励，为创新提供更多动力和保障。

（三）完成高校内部管理改革

在我国高等教育管理体制改革的进程中，不断促进高校内部管理体系的完善与革新是至关重要的。这不仅关乎高校的发展和竞争力，还直接影响着培养高质量人才的能力和社会对高等教育的认可度。

1.明确管理职责，建立层次性管理体系

高校内部管理体系的完善需要明确各个管理岗位的职责和权责，确保管理体系具有一定的层次性和合理性。各个层次之间要建立明确的联系，形成协调高效的管理体系。高校可以借鉴现代企业的管理模式，设立不同层级的管理岗位，明确各个岗位的职责范围和工作内容。同时，高校要加强沟通与协作，实现各个部门间的互相扶持和监督，共同为高校的发展贡献力量。

2.确立明确的工作目标，建立考核制度

高校内部管理的改革需建立明确的工作目标，通过设立合理的考核制度来促进管理工作的高效执行。各个层次的管理岗位应明确自身的工作目标，与高校整体发展目标相衔接。高校可以制定科学合理的绩效考核标准，对管理人员的工作进行定期评估和考核，确保管理岗位能够做到权责分明、目标清晰。通过有效的激励措施，激发管理人员工作的积极性和创造性，推动高校管理体系不断优化和完善。

3.充分认识高校自身发展规律，适应地方环境

高校内部管理改革需要深刻认识高校自身发展规律，根据不同高校的办学特点和地方环境状况，灵活调整管理策略。高校应建立学校特色和优势，明确自己的定位和目标，将教育教学与科学研究相结合，发挥学科优势和特色，提高高校整体竞争力。高校在改革的过程之中更要注重与地方政府和产业界的合作，了解社会需求，开设适应市场需求的专业和课程，为地方经济社会发展提供有力支撑。

4.提高教师教学与科研能力，优化教学资源配置

教师是高等教育的核心力量，他们的教学水平和科研成果直接影响着高校的教育质量和学术声誉，所以高校内部管理改革的过程中应重视教师教学和科研能力提升。高校应加强对教师的培训和培养，提高教师的教学和科研能力，引进高层次人才，优化教师队伍结构，提升整体教学水平。高校还要充分利用教学资源，推动教学资源的优化配置，实现课程资源和师资的共享与互补，提高高校的整体教学效率和质量。

二、高等教育管理的发展趋势

（一）21世纪我国高等教育发展的趋势

1.高等教育由精英型向大众型发展

中国高等教育的大众化发展是多方面因素共同作用的结果，中国经济的高质量发展为高等教育的发展提供了有力支撑，经济的繁荣为高等教育提供了更多的资金来源，使高校能够更好地扩大招生规模和改善办学条件。而随着经济的发展，社会对高素质人才的需求日益增加，大众化的高等教育能够更好地满足这一需求。政府对高等教育的重视和投入也是高等教育大众化发展的重要保障。政府将教育发展作为国家发展的重要战略之一，通过增加财政投入、出台相关政策和规划，推动高等教育的大规模发展。例如，国家扩大了高校招生规模，加大了对高校的资金支持，为高校建设提供了更多的政策支持。教育观念的变化也是高等教育大众化发展的重要推动力，随着社会的进步和人们对教育的认识不断提高，越来越多的人开始重视教育，认识到高等教育的重要性。高等教育被视为人才培养的重要途径，为个人的职业发展和社会地位提供了更广阔的空间，观念上的转变促使越来越多的人选择接受高等教育，进而推动高等教育大众化的发展。

2.高等教育的科学化与多样化特点日益突出

高等教育的科学化和多样化趋势日渐明显，这是现代社会科学化管理模式对教育提出的要求，也是高等教育在信息社会发展的必然要求。在宏观层面，高校逐步形成了以现代科学技术为结构框架的多学科组织体系，打破了过去计划经济模式下单一的院系专业设置方式。学科设置基本按照科学体系的分类办法，与国际接轨，逐步实现了国际化的学科结构。而专业调整表现为将原先的行业型专业转变为更加注重学科发展与创新的学科型专业，不仅传授知识，还强调学生的创新能力和科研能力。在微观层面，高等教育的科学化体现在各个环节的改进。应试教育正在向以能力选拔为主的招生方式转变，更加注重发现和培养学生的潜力和特长。教学方法上也在向灵活、适应学生需要的方向发展，鼓励教师运用多种教学手段和教学技术，以满足不同学生的学习需求。教育内容逐步注重学生的心理健康和非智力因素的培养，强调培养受教育者的人文素质和综合能力。科学教育和人文教育并重，成为高等教育发展的新趋势。

随着中国经济的高质量发展，多元经济模式对高等教育提出了多样化的需求。高等教育必须适应现代化建设对各类人才的需要，提高办学质量和效益，解决与社会主义市场经济体制相适应的高等教育质量问题。高等教育包括普通高等教育、高等职业技术教育、各类成人教育等多种类型。高等教育多样化是适应社会经济多元化、高等教育大众化、社会需求多样化、人的素质差异化的必然要求。高等教育只有为社会提供多层次、多类型、多形式的教育，才能满足社会对各类人才的需求和个性发展多样选择的要求。

3.“以学生为主体、以教师为主导”理念的形成

随着高等教育的大众化和规模的不断扩大，高校不再是少数精英的学府，而是成为吸纳大量学生的普及教育机构。在这一背景下，高校管

理理念也发生了深刻的变化，强调“以学生为主体、以教师为主导”的管理模式。“以学生为主体”的教育理念意味着高校将学生的发展和需求置于首位，高校要更加关注学生的学习成长，倾听学生的意见和建议，为学生提供个性化的学习支持和服务。这种理念要求高校在教学管理中更加注重学生的主体地位，鼓励学生参与教学决策和管理，使学生在学习过程中得到更多的自主权和发展机会。高校也要关注学生的综合素质，培养学生的创新精神、实践能力和社会责任感，使他们成为社会需要的复合型人才。“以教师为主导”的管理模式强调高校教师在教学和科研中的主导地位。高校管理者应重视师资培养的教育，为教师提供良好的工作条件和发展空间，激励教师积极投入教学和研究工作，让学术带头人成为学校管理的核心，推动高校的学术繁荣和创新发展。高校应该重视教师的专业成长和职业发展，提供专业发展的培训和支持，鼓励教师积极参与学术交流和合作，提高学校的学术影响力和竞争力。

在实施“以学生为主体、以教师为主导”的管理理念过程中，高校管理者需要充分发挥高校的主体作用，制定科学合理的管理策略和措施。高校应该建立健全民主决策机制，充分听取学生和教师的意见，使管理决策更加科学和民主。还要注重加强师资队伍建设，培养一支具有高学术水平和教学能力的教师队伍，为学生提供优质的教学资源和服务，并且不断提升教师的教学和科研能力，推动教学和科研的深度融合，逐步提高高校的教学质量和科研水平。

4.高校教育功能由两个中心向三个中心发展

高等教育是知识的传承与创新的重要场所，更是高素质人才的培养基地和社会经济发展的重要支撑。随着时代的进步和社会需求的变化，高等教育的功能也在不断演变。从过去的“教学、科研”两个中心，到如今“教学、科研、生产”三个中心的社会化发展，高等教育正面临更广泛的挑战和更深远的使命。

高等教育的教学功能一直是其重要的职责之一，高校作为知识传承与创新的主要场所，其教学质量直接关系到学生的素质和能力。随着社会的变化和知识的更新，高校教学也要不断适应时代需求，更新教育理念，改进教学方法，为学生提供更加个性化、多样化的学习体验。高等教育的科研功能也是不可忽视的方面之一，高校作为科学研究的重要基地，其科研成果直接影响社会经济的发展和科技进步。高校要加强科研能力建设，培养一支具有高水平的科研团队，鼓励教师积极参与科研活动，开展前沿性、交叉性的研究，推动科研成果的转化和应用。然而，单纯的教学和科研功能已经不能满足时代的需求，高等教育还要进一步融入社会，发挥更多的生产功能。高校的生产功能包括产学研结合和服务社会两个方面。一方面，高校要加强与企业、产业界的合作，促进产学研深度融合，使科研成果更快地转化为生产力，推动技术创新和产业升级。另一方面，高校还要积极参与社会服务，为地方经济和社会发展提供智力支持和技术服务。高校可以开展社会调查研究，为政府决策提供参考依据；可以开设继续教育项目，为社会各个阶层的人员提供学习机会；可以开展社会公益活动，回馈社会，传播正能量。

5.高校办学自主权逐步扩大

随着市场经济的发展和社会需求的变化，高等教育的办学机制正在从过去高度集中的计划体制向市场调节转变，进而带来了高等教育自主权的扩大，高校在办学中将拥有更多的自主权和决策权，可以更好地适应市场需求和发挥其独特优势。高等教育的市场化发展从侧面反映了教育与社会经济发展的密切关系，随着市场经济的发展和社会需求的多样化，高等教育的运行机制也在不断调整。市场化使高校的办学自主权得到了进一步扩大，高校可以根据市场需求和自身实际情况来调整教学计划、专业设置以及招生政策，为学生提供更加个性化和多样化的教育服务。高等教育的市场化也提高了高校的竞争意识和办学质量，面对竞争日益激烈的教育市场，高校必须提升教学水平和科研实力，优化师资队伍，改进教学方法，以吸引更多的学生和优秀的教师。同时，高校需要加强与企业和社会的合作，将科研成果转化为生产力，为社会经济发展做出更大的贡献。然而，高等教育的市场化也面临一些挑战。一方面，高校必须平衡市场需求和公益性教育的关系，不能简单地以市场需求为导向而忽视公益性教育的价值。另一方面，高等教育的市场化可能会导致资源不均衡和教育质量参差不齐的问题，需要政府加强监管和引导，确保高等教育的市场化发展能够实现良性循环。

6.民间资本介入是我国高等教育发展的趋势

民间资本介入是中国高等教育发展的必然趋势，这一趋势不仅是高等教育大众化发展的需要，还是适应社会经济发展和提高高等教育质量的重要措施。随着社会经济的不断发展和人才需求的日益增长，高等教育的规模不断扩大，但由于财政资源有限，单一依赖政府的投资已经无法满足高等教育的需求，因此引入了民间资本。民间资本的介入可以提高高等教育资源的配置效率，民间资本的引入意味着高校的办学资金来源更加多样化，高校可以更加灵活地运用这些资金，优化资源配置，提高教学和科研水平，加强师资队伍建设，为学生提供更加优质的教育服务。民间资本可以充分利用公办普通高校的智力资源和办学品牌，快速集聚办学资源，迅速扩大高等教育的规模。这为培养高素质人才提供了更多机会，满足了社会对多样化人才的需求。随着民间资本的引入，高校的管理模式、教学方法等都在不断创新和改进，高校与企业和社会的合作也得到了加强，科研成果的转化和应用推动了高等教育与社会经济发展的融合。

7.高等教育国际化发展趋势

高等教育国际化充分反映了全球化时代高等教育发展的需求和趋势，随着经济全球化和信息技术的迅速发展，世界各国之间的联系日益紧密，高等教育在国际交流与合作中发挥着越来越重要的作用。高等教育国际化不仅有助于促进知识的传播和创新，还可以提高高等教育的质量和国际竞争力。在全球化时代，知识成了经济社会发展的重要驱动力，高等教育作为知识的创造者与传播者，在国际交流与合作中扮演着重要角色。通过与其他国家的高校展开合作与交流，高校可以共享最新的研究成果、教学经验和科技进展，推动知识的传播和创新，为国家和全球的发展做出贡献。高等教育国际化可以提高高等教育的质量和国际竞争力，与国际高校开展合作，高校能引进优质的教学资源和先进的教学方法，吸引来自不同国家的优秀学生和教师，提高教学水平和科研能力，增强高等教育在国际上的知名度和声誉。国际合作还可以为学生提供更广阔的学习和发展空间，培养具有国际视野和综合素质的人才。不仅如此，不同国家和地区的文化背景和教育制度各不相同，通过与其他国家的高校开展合作，高校可以促进跨文化交流与理解，增进国家间的友谊与合作。这种跨文化交流不仅有助于拓宽学生的视野，增强他们的国际意识和文化自信，还有助于促进不同国家之间的经济、科技、教育等领域的合作与发展。

8. 高等教育终身化是知识经济时代的重要特征

高等教育终身化是知识经济时代的重要特征，也是 21 世纪世界高等教育发展的重要趋势之一。在当今快速变化的社会背景下，知识的更新速度加快，信息的爆炸性增长使人们对知识和技能的需求不再局限于一次性学习，而是需要终身不断地学习和更新，以适应不断变化的社会和经济环境。因此，高等教育的终身化成了必然的选择。高等教育的终身化意味着高等教育要超越传统的学历教育范畴，扩展到非学历教育和继续教育等多种形式，以满足不同人群、不同阶段的学习需求。在过去，高等教育主要注重学历教育，即学生在特定的时间段内接受高等教育，获得学位或学历后即可步入社会。然而，现实社会中，许多人可能在工作后或生活中有了新的学习需求，需要不断提升自己的知识和技能，以应对职业发展和个人成长的挑战。因此，高等教育要更加灵活和多样化，开展继续教育、培训、研修等各类活动，为成年人提供学习的机会，使高等教育真正成为终身学习的伙伴。

终身学习的重要性在于，知识经济时代，知识更新速度快，过去学习的知识可能很快就会过时，只有不断地学习和更新，才能适应社会的发展和变化，保持竞争力。高校应积极开发各种灵活的学习方式，如在线教育、远程教育、移动学习等，使学生和成年人可以在任何时间、任何地点进行学习。高等教育的终身化也意味着高等教育要更加注重人的全面发展，要求高等教育机构关注学生的个性发展和兴趣特长，提供多样化的课程和学习资源，鼓励学生参与各种实践活动，培养他们的实践能力和创新精神。

（二）高等教育管理发展趋势的原因分析

教育的发展与社会及经济的发展相互影响、相互促进，这是一个基本规律。在 21 世纪的社会背景下，随着经济的快速转型和知识经济的崛起，高等教育管理也面临着新的挑战和发展趋势。

随着传统工业经济向知识经济的转变，经济结构出现了较大转型，对高素质人才的需求日益增长。知识经济时代，科技创新和人才成为推动经济增长的关键因素，高等教育管理需要紧密结合产业发展和科技创新需求，培养适应经济转型的专业人才。在经济全球化背景下，国际交流与合作更加频繁，全球化和国际竞争的加剧，使高等教育需要更具国际视野和竞争力。因此，高等教育管理需要加强国际合作与交流，吸引优秀的国际学生和教师，提高学校的国际化水平。随着社会结构和职业需求的多样化，高等教育需要更加灵活和多样化的教育形式，以满足不同人群的学习需求，社会对高等教育的多样化需求也推动了高等教育管理的发展。因此，高等教育管理需要根据社会需求调整课程设置和招生计划，提供个性化的学习方案。如今，人们对信息技术的应用更加广泛，高等教育可以借助在线教育、远程教学等方式，拓展教学资源，提高教学效率。但也需要关注信息安全和知识产权保护等问题，加强信息技术的管理与应用。社会对高等教育公平和质量的要求不断增加，也是推动高等教育管理发展的重要因素。高等教育应该坚持公平原则，保障每个人接受高质量的教育机会。高等教育管理需要加强教育评估和质量监控，确保教育资源的合理分配和有效利用。

随着经济发展方式的转变和产业结构的调整，高等教育所需的人才类型也发生了变化。我国经济社会需要更多具有创新能力和高级技术技能的人才。特别是第三产业的加速发展，对服务业、文化产业等领域的人才需求日益增长，使高等教育必须适应现代化建设对各类人才的需要。因此，高校需要调整课程设置和专业方向，培养更多符合经济发展需求的复合型、创新型人才。知识经济时代对劳动力素质的要求越来越高，为了把中国从人口大国变为人力资源强国，高等教育的地位和作用日益凸显。高素质人才的培养是高等学校的基本任务，也是高等教育的发展趋势。知识经济时代的发展，使知识无国界，国际科技文化交流日益加强，信息高速公路的开通使国际社会更加紧密地联结在一起。由此可见，高等教育必须走向世界，与国际教育融为一体。

第四章　现代高等教育管理制度的完善与发展

第一节　高等教育管理制度的内涵与高等教育管理系统的结构

一、高等教育管理制度的内涵

高等教育的教学管理是一个多元化的系统，是一个由多个元素构成的具有特定目的和功能的整体。高等教育管理制度在适应社会需要的过程中不断变化和发展。为了提高高等教育的教学质量，各国不断探索教学管理制度，力求从制度上提供保障。学年制和学分制是高等教育管理中广泛采用的两种制度，它们的差异在于学年制强调统一性和强制性，而学分制则具有较大的自由度和选择范围。然而，采用哪种管理制度并不是高校保证高质量教学的决定因素，关键在于制度是否适应学校教学管理的需要。高等教育管理制度是高等教育中的核心部分，对高等教育的功能和目标的实现具有重要影响。因此，需要不断完善和改进高等教育管理制度。完善高等教育管理制度是高校保证教学质量和提高学生素质的必要手段。

二、高等教育管理系统的结构

要完善高等教育管理系统结构，就要关注系统内部各个要素间的互动与联系，确保系统内部井然有序。高等教育管理系统可划分为六个层面。

第一层面是校长。校长主导行政决策，负责对学校的教学管理进行全面规划。校长在深入调查研究的基础上，实施宏观调控，以确保教育质量。在确定学校的定位、总体任务和总体目标时，校长需将培育高层次人才和提高教育质量作为核心目标。

第二层面是教务处。其负责具体的教学规划、组织与调度工作。在校长的领导下，教务处明确学科方向、设定教学目标、拟订教学计划和任务、对教学工作进行评估，并负责各专业教学质量管理和教务行政工作，是高等教育管理系统中的关键组织机构。

第三层面是学院，旨在促进学科交流、资源共享，便于教学管理。学院根据教务处的总体规划，结合自身学科特点，组织教学。此外，学院还需对系、部工作进行详细安排，确保全面管理。

第四层面是系（部），主要聚焦于组织专业教师开展教学实践，定期进行教学研究、经验交流，以提升教师的业务素质和教学能力。同时，系（部）应注重师德、教风和学风建设，创建优秀教师团队，持续改进教学方法，以提升教学质量。

第五层面是教研室和年级组。教研室根据学科及专业特点组建，作为教师的直接管理机构，负责对教学与科研活动进行详细安排和管理。在高校中，年级组工作主要由辅导员负责，他们需要根据不同年级的教学计划、课程设置及学生心态进行差异化管理，实行阶段性教学评估、年级学科竞赛和教师教学状况调查等。

第六层面是教师与学生。任课教师负责保障专业课程的教学质量，同时对本专业知识进行深入研究。教师需要不断自我提升，努力提高教学能力。学生作为受教育者，要做到自我管理，合理安排时间，选择适合的学习方法，支持教师教学，提供建设性意见，并与同学进行学术交流和讨论。

第二节　高等教育管理制度与教学质量的关系分析

在知识经济时代，提高国民素质和培养科技人才已居于社会发展的核心地位。各国纷纷将发展高等教育视为提升综合国力、增强国际竞争力的重要手段。高校教学管理制度对教育质量至关重要，良好的管理制度对学校发展和人才培养具有举足轻重的作用。

一、招生录取制度与教学质量

招生录取制度是高等教育管理制度中的重要环节，直接关系到高校学生的质量和学术水平，对教学质量产生深远影响。在当前高等教育管理中，招生录取制度的优化已成为提升教学质量的重要举措。随着社会经济的发展和人才需求的多样化，高校在招生时越来越侧重综合素质评价，包括学科基础、创新能力、综合素养等方面的考察，以更好地选拔合适的学生。随着经济全球化进程的加速，国际教育交流合作日益频繁，公众对高等教育质量的要求日益提高。公众希望高等教育能够选拔更加优秀、更加适应社会需求的学生，提高教学质量。因此，高等教育管理者在建立和完善招生录取制度时需要充分考虑社会的期望和需求，使制度更加符合社会的发展需要。

二、师资培养制度与教学质量

在高等教育管理中，加强对师资的培养与引进是提升教学质量的关键举措。高等教育管理制度应重视师资队伍的培养与发展，要培养出优秀的教师，高校就要建立完善的教师培养体系，包括针对不同层次教师的培训计划和课程设置，注重教师专业知识和教学技能的培养；高校应该鼓励教师参与学术研究和教学实践，提高他们的综合素质和教学能力；高校应该实施国际化的教师引进计划，为学生提供不同的教学视角和学术背景，促进教学质量的提升。

三、学科设置制度与教学质量

学科设置的灵活性和适应性直接影响着高等教育的质量和教学成效，合理的学科设置可以为学生提供广泛的学习选择和专业发展机会，从而满足不同学生的多样化需求。随着社会经济的发展和产业结构的调整，市场对各类人才的需求也在不断变化，高校应充分关注市场需求，及时了解市场对人才的需求情况，根据市场需求灵活调整学科设置，从而培养更符合社会需求的专业人才，提高就业率和学生的综合竞争力。学生的学科选择和专业发展受到个人兴趣和能力的影响，高校应关注学生的兴趣和优势，提供多样化的学科设置，让学生根据自己的具体情况选择适合自己的专业方向，以满足学生的多样化需求，增强学生的学习动力，进而提升教学质量。

四、 教学评估制度与教学质量

教学评估是确保教学质量持续提高的有效途径，也是发现问题和改进教学的重要手段，建立科学有效的教学评估体系对于高等教育的持续发展和教学质量的提高至关重要。通过实施教学评估，高校可以得到来自内外部的客观评价，从而了解教学的实际效果和存在的问题，了解教学过程中的优势和不足，为改进教学提供科学依据。与此同时，高等教育领域涉及众多教学环节，可能会存在教学方法不当、教学资源不足、教学内容陈旧等问题，适时开展教学评估可以使高校及时发现这些问题，并采取相应的改进举措，保障教学质量和效果。教学评估是一个动态的过程，需要不断进行改进和调整，同时可以不断推动教学的改进和提升。教师可以通过教学评估，了解学生的学习情况和反馈意见，进而调整教学策略和方法，提高教学效果。

五、质量监控制度与教学质量

在当今社会，高等教育面临新的挑战和机遇。建立完善的高等教育质量监控制度对于提高教学质量、适应社会需求、培养优秀人才具有重要意义。通过对教学过程、教学方法、教学资源等方面进行全面监测和评估，高校可以及时发现教学中存在的问题和不足，并及时采取措施，解决问题，确保教学质量的稳步提升。

第三节　经济体制与教育体制改革下的高等教育管理制度

经济体制和教育体制是两个密切相关的概念，经济体制对教育体制起到决定性作用，教育体制的基本经济功能是为经济发展提供人才保障，因此教育的目标、内容和管理方式必须与经济发展相适应。教育的重要任务是培养创新人才，创新人才是知识创新和发展的生命之源。教育的根本目的是唤起创造意识，提升创造力，激发生命感与价值感，并非只传授既有知识。因此，需要探索更加适应经济社会发展需要的教育体制，完善高等教育管理制度，培养出更多具备创新能力的人才，适应经济全球化趋势，推动经济的发展和社会的进步。

一、经济体制与教育体制改革背景下高等教育管理制度创新的必要性

经济体制改革要求高等教育更加注重人才培养的市场导向性，在市场经济的背景下，高等教育需要紧密结合经济发展的实际需求，培养适应市场的高素质人才。高等教育管理制度的创新应该更加注重市场调查和职业需求预测，合理调整学科设置和专业方向，使教育更贴合社会的发展需求。教育体制改革迫切需要教学方法和教学内容的创新，传统的教学方式已难以满足学生多样化的学习需求，新兴的教育技术和信息化手段已经成为教学不可或缺的重要组成部分。高等教育管理制度创新需要鼓励教师采用更加灵活多样的教学方法，积极探索线上线下相结合的混合式教学模式，为学生提供个性化的学习体验。

教育体制改革要求高等教育更加关注学生发展的全过程，过去的高

等教育管理往往注重课堂教学，忽视学生在校外的全面发展。高等教育管理制度创新应该强调学生个性化的学习规划和职业发展指导，为学生提供更多的实践机会和创新空间，培养具有创新精神和实践能力的复合型人才。

经济体制和教育体制改革的深入推进要求高等教育更加强化内部管理的规范性和透明度，高等教育管理制度创新需要建立科学的教学评价体系，以数据为支撑，客观评估教学效果和教师教学质量，从而持续提升教学水平。高校还应进一步加强内部治理，提高资源配置的效率，确保教学管理的公平和公正。

二、经济体制与教育体制改革对高等教育管理制度创新提出的挑战

（一）经济体制改革促使高校完善资金管理制度

随着经济体制改革的深化，高等教育面临新的经费来源与分配方式的转变，高等教育管理制度需要相应创新与调整。由于经济体制改革带来了市场经济的发展，高等教育的资金来源逐渐多元化，高校必须适应新的经济环境，寻找更多的资金来源，以保障教学质量与教学资源的有效利用。除了依赖有关部门拨款，高校还可通过学费收入、社会捐赠、产学研合作、科研经费等多种渠道筹措资金。这种多元化的资金来源为高校提供了更大的经费支持，但也增加了高等教育管理的复杂性。高校需要完善资金管理制度，确保资金的合理利用与分配，防止浪费和滥用，以提高教学质量和有效配置教学资源。经济体制改革改变了高校的资金分配方式，在过去，高校的资金分配主要由政府负责；现在，高校开始引入市场化的经营理念，推行更加灵活的资金分配机制。高校可根据学科特色、科研成果、教学质量等因素进行资金分配，优秀的学科和教师可获得更多的资金支持，从而提高教学水平和科研能力。

（二）教育体制改革要求高等教育管理改革走国际化道路

1.实现课程设置走国际化道路

教育体制改革要求高等教育管理走国际化道路，课程设置方面尤为重要。在高等教育管理中，课程设置是关键的一环。随着全球化的发展，跨国交流与合作变得越来越频繁，因此培养具有国际视野和全球竞争力的人才成为高等教育的重要任务。在课程设置方面走国际化道路可以培养具有国际视野和全球竞争力的人才，促进学生的全面发展，增强我国高等教育在全球范围内的竞争力。教育体制改革要求高校在课程设置上更加注重国际化要素的引入，开设更多的国际化课程，涵盖全球热点问题，以培养学生的国际意识和跨文化沟通能力。走国际化道路还需要高校提供跨文化交流的机会，高校应积极推动学生参与国际交流项目，如交换学生计划、暑期学校、国际实习等。这些跨文化交流的机会可以让学生亲身感受不同文化背景下的学习和生活，增强他们的国际交往能力和跨文化适应能力。高校也可邀请外国教师来校讲授课程，增加学生接触国际化教学的机会，拓宽学生的学术视野。走国际化道路需要符合国内的实际情况，注重国内的需求和特点，课程设置应该兼顾国际化和本土化，根据国内的产业发展需求和社会变革背景，开设与国际接轨的专业课程，培养适应国内经济和社会发展的人才。

2.推进教育信息化发展，实现教育资源的全球共享

在 21 世纪的今天，信息技术的快速发展对高等教育带来了深远的影响。教育信息化已成为全球教育发展的重要趋势，成为推动教育体制改革的重要动力。积极推进教育信息化，建设全球教育资源共享平台，加强国际教育合作，实现教育资源的全球化共享，能够使我国高等教育迎来新的发展机遇。推动教育信息化发展是高等教育管理走国际化道路的必然选择，在全球范围内，越来越多的高校开始运用信息技术，以远

程教育、在线学习等形式打破地域限制，实现教育资源的全球共享。我国教育体制改革要求高等教育积极推进教育信息化发展，以便更好地融入全球教育体系，提升高等教育的国际影响力和竞争力。建设全球教育资源共享平台是推动教育信息化发展的关键举措，在全球教育资源共享平台上，学生可以获取全球优质的教育资源，包括课程教材、教学视频、学术论文等。这不仅可以丰富学生的学习内容，提高学生的学习效率，还可以让学生接触到更多国际前沿的知识和科技成果，拓宽学生的学术视野。全球教育资源共享平台也能够为我国高校提供更多与国际教育机构合作的机会，促进教学改革和创新。

三、经济体制改革下高等教育管理制度创新的侧重点

（一）教育资源的优化配置

在经济体制改革背景下，高等教育资源优化配置显得尤为重要。教育资源不仅包括物质资源，还包括师资、知识和技能等。高校应注重使教育资源配置更为合理、更具前瞻性。招生制度改革、资金的分配、教学设备的配置等都涉及教育资源的优化配置。例如，招生制度改革应该旨在为学生提供平等的学习机会。资金的分配应当注重效益，将更多的资金投入真正能够提高教学质量和科学研究水平的领域。教学设备的配置应真正服务于教学，满足学生的需要。

随着技术的进步和社会的发展，社会对人才的需求也在不断变化。高校需要有足够的敏感性和前瞻性，及时了解这些变化，使教育资源能够满足实际需求。同时，优化教育资源配置并不意味着一味地追求效益最大化。教育的本质是培养人才，从而更好地服务于学生和社会。高校在进行教育资源配置时，不仅要注重效益，还要坚持教育的根本原则。

（二）强化高校自主管理权

社会和经济的发展给高等教育带来了前所未有的机遇和挑战。高校应具备足够的灵活性和创新性。高校的灵活性和创新性在很大程度上取决于高校的自主管理权。高校有足够的决策权和管理权，才能迅速做出决策，形成自己的办学特色和优势，从而更好地服务于学生和社会。在教学方面，强化高校自主管理权意味着高校可以根据自身的特色和优势、学生的需求和期望，制订出更为合理和有效的教学计划，优化课程设置。在科研方面，高校拥有更大的自主管理权，可以更为灵活地调配研究资源，选择研究方向，从而提高科研的质量和效益。

更大的自主管理权也意味着更大的责任。高校应慎重地做出决策，确保每一次决策都基于充分的考虑和分析以及对未来的长远规划。此外，高校还需要建立有效的监督和反馈机制，以确保自主管理权得到正确和有效的使用。高校还需要注意与政府和企业等建立良好的沟通和协调机制，只有这样，才能确保学校的决策既能满足自身发展需求，又能满足社会需求。高校还需要注重内部管理的完善，使高校的人才培养计划能顺利实施，从而实现自主管理权的真正价值。

（三）教育质量的提升

随着社会的发展，人们对高等教育的期望提高。人们希望高校不仅让学生掌握专门的知识和技能，还希望高校培养学生的综合素质、创新能力等。对于高校来说，持续提升教育质量不仅是其核心任务，也是其生存和发展的基石。高校应在教学、科研、服务等各个方面都达到一定的标准，并且始终保持对教育质量的追求。

教育质量的提升需要有教育质量保障机制。这一机制可以确保高校在提供教育服务时，始终坚持高标准、严要求，不断追求卓越。要建立此机制，高校需要进行内部管理的改革，确保教育资源得到合理配置，使教育过程得到有效监控，使教育结果得到准确评价。另外，优质的师资是教育质量提升的关键，所以高校应重视师资队伍建设，使教师具备较高的教育教学能力和高尚的道德品质。为此，高校应加强对教师的培训和指导，为教师提供更多的进修机会，使教师始终站在教育前沿，为学生提供高质量的教育服务。

时代在发展，社会在进步，高校应紧跟时代发展步伐，坚持创新，不断提升教育质量。只有这样，高校才能完成其培养高质量人才的核心任务，为社会经济的发展做出更大的贡献。

（四）强化高校与产业界的合作

随着经济全球化和技术革命的推进，经济发展的步伐加快，产业结构优化升级。高校应该与时俱进，密切关注产业发展的最新动态，以满足社会对高质量人才的需求。高校不仅仅是知识的传授者，也应该成为产业界和学术界联系的桥梁。高校与产业界合作，可以更好地把握经济发展的脉搏，培养出实用型人才。为了确保与产业界的合作能够取得实质性的成果，高校需要采取一系列的措施来建立合作机制。例如，高校可以与企业合作设立研究中心，实施研究项目；也可以与研究机构合作，共同培养研究生；还可以邀请产业界的专家担任兼职教师，进行实践性的教学。高校应该加强与产业界的交流、互动，定期举办论坛、研讨会等，汇集双方的智慧，共同探讨校企合作与人才培养等。

高校与产业界合作，能够拥有更多的教育资源，更好地培养应用型人才、创新型人才。在与产业界合作过程中，高校应该注重理论与实践的结合，确保学生能够在真实的工作环境中运用所学知识。高校还应该鼓励学生开展创新活动，为学生提供必要的支持和帮助，培养学生的创新精神和创新能力，从而使培养出来的人才真正满足社会的需求。另外，高校在与产业界合作时，应明确合作的目标和原则，确保合作的公平、公正、透明，真正实现双方共赢。高校应把握住与产业界合作的核心要义，不断创新合作模式，加强合作管理，实现与产业界的深度合作，为高等教育的发展注入新的活力，为社会的发展做出贡献。

（五）人文教育与科技教育的融合

当今时代，科技的进步日新月异。然而，高校毕业生仅仅依赖技术和专业知识难以满足社会需求。他们除了要掌握一定的知识和技术，还要具备批判性思维能力、沟通协作能力以及审美能力等。这样的复合型人才不仅能够更好地应对未知的挑战，还可以给社会带来更多的创新活力。高校作为培养人才的摇篮，为了确保学生在毕业后能够适应社会的需求，应使人文教育与科技教育相融合。具体来说，高校可以在课程设置上加强跨学科的融合，鼓励学生跨专业选课，促进学生从多个角度深入思考问题；还可以组织各类文化活动和技术交流活动，让学生在实践中提升人文素养和科技水平。高校实现人文教育与科技教育的真正融合，有利于培养出既懂技术又具有人文情怀的复合型人才。这些人才不仅在职场上能够更好地应对各种挑战，还可以在生活中更好地与他人交往、合作。

（六）数字化管理

在当今的数字化时代，高校应与时俱进，对教育管理制度进行创新，实现数字化管理。高校实现数字化管理，不仅能够大幅度提高教育管理效率，还能够为学生、教师和其他相关人员提供更为便捷、个性化的服务。例如，高校建设数字化校园，能够使学生随时随地利用学校的各种数字化资源、获得更为灵活的学习体验。再如，高校推广在线教育，可以打破地域、时间的限制，让更多的人受益于优质的教育资源。高校实施智能化教学管理，可以更加精准地对学生的学习进行评估和指导，助力学生更好地成长。

在推进数字化管理的过程中，高校也需要注意一些问题，例如，确保数据安全和隐私保护，避免因过度依赖技术而忽视了教育的本质。此外，高校还需要注重教师培训，让广大教师掌握新的技术和教学方法，以提高教育质量。随着数字化管理的深入推进，高校的教育管理模式将发生深刻变革。在未来，可能会出现更为灵活、开放的教学模式，学生可以根据自己的需求和兴趣选择学习路径，教师可以更加精准地对学生的学习进行指导和评估。这不仅将提升教育的效果，还将为培养社会所需的高质量人才奠定坚实基础。在当今时代，高校应紧紧抓住数字化技术带来的机遇，勇敢地进行教育管理创新，始终走在时代前列，为社会的发展做出更大的贡献。

第四节　现代高等教育管理制度的完善途径

一、教学管理理念的重塑

对高等教育管理制度进行改革需要以观念转变为先导。教育管理制度现代化是推动管理系统中人际关系和谐化、组织机构和资源配置合理化、运行机制优化和完善的持续深化管理改革的过程。树立现代高等教育管理理念涵盖了以下方面。

（一）刚柔并济的管理理念

教育管理是高校管理中至关重要的一环，采用何种管理手段是影响管理效果的重要因素之一。刚性管理和柔性管理是两种常见的管理手段，它们各有优缺点，但在适当情境下运用就可以发挥作用。刚性管理强调规范、条例和指令的执行，通过硬性手段来实现管理目标，通常适用于需要快速、高效地完成任务的情境。在高等教育管理中，刚性管理可以用于一些教学工作的紧急处理，如紧急的考试安排和管理、应急措施的实施等。

但刚性管理也容易导致学生和教师的反感和不满，原因是它缺乏人性化和情感沟通。柔性管理则更注重人性化的管理，通过共情、引导和协调来实现管理目标。柔性管理可以调动人的积极性和创造性，使管理更具灵活性和适应性。在高等教育管理中，柔性管理可以用于教学活动的组织和安排、师生关系的建立和维护、教师和学生的培训和培养等方面。柔性管理可以使教育资源得到更充分的利用，提高教学效果和质量。

（二）竞争与合作相结合的管理理念

竞争和合作并不是互相排斥的两个概念，它们是相辅相成、互为补充的。在高等教育管理中，竞争主要体现在教学水平和人才培养方面，这种竞争是促进学校内部各部门之间、各教师之间、各学生之间相互促进、切磋最终共同提高的一种方式。但是，竞争并不能完全解决所有问题，因此需要合作来提高实力。合作可以促进各部门之间、各教师之间、各学生之间的交流，从而取长补短、共同进步。同时，合作能够增强教师和学生之间的沟通，有助于更好地了解彼此，有利于建立良好的师生关系。

高等教育管理要发挥竞争和合作的双重作用，需要落实在实践中。在竞争的过程中，应该尊重规则，防止不正当竞争的发生；在合作的过程中，需要加强沟通和协作，共同解决问题，提高高等教育管理水平。

（三）民主化管理理念

随着社会发展进步，管理中的人际关系已经从以前的上行下效逐渐向资源契约化共享的伙伴关系转变。在高等院校，教育管理具有重要的战略性，肩负着重大的责任。民主化管理越来越受到人们的关注和认可。民主化管理可以促进学校的安定团结，提高教学人员参与管理的积极性。民主化管理理念的树立也有助于加强管理者与被管理者之间的协调和沟通，从而实现高等教育管理的现代化和教学水平提高的目标。

二、教育管理组织的重构

（一）协作是教育管理组织的基础

1.学校领导层成员之间的协作

高校的领导机制对于高校的发展和稳定至关重要，原因是领导机制的设计和实施直接影响到高校内部的治理和管理效率。在我国高校中，校长负责制是常见的领导机制，但其实现过程中存在一些问题。为了解决这些问题，学校领导层成员应该始终团结协作，按照各自的职责和分工，实现有机结合和合理协调；在领导机制的设计和实施过程中，应该坚持高校的发展战略和目标，注重高校内部的整体利益，尽量减少利益分化和冲突；应该加强各部门之间的沟通和合作，促进信息的共享和协同，提高整体管理效率和协调能力。另外，对于高校的领导层成员来说，还需要具备高超的领导能力和管理能力，应该具备开放的思维和广阔的视野，能够准确判断内外部环境的变化和趋势，及时调整领导机制和管理策略，以适应时代和高校的发展需要；他们还应该善于团结和激励员工，培养和提升员工的专业技能和工作能力，形成高效的管理团队和学术团队，为高校的发展和稳定打下坚实的基础。

2.教学操作层成员之间的协作

我国高校的教学管理主要由各院、系、教研室等执行，随着高校的规模不断扩大，专业设置的复杂性不断增加以及教学改革不断推进，教学管理也面临了新的挑战。以前，由于高校规模较小，教研室主要负责单一学科的教学管理，系部对学校负责。但现在，由于各学科之间的交叉呈现和教师综合业务素质的提高，高校的教学管理需要加强各成员之间的协作，并根据学校规模、师资力量、生源情况、教师的学历层次等因素，有所侧重。

（二）以学习型组织为教学管理组织的目标

学习型组织是以学习为核心的组织形态，旨在建立一种能够快速适应变化的组织机制。学习型组织强调学习的重要性，即组织中的每一个成员都应该不断学习、反思和创新，从而实现组织的不断发展和进步。学习型组织的出现与发展反映了现代组织在应对环境变化、推动创新和提高绩效方面的一种新的思路和方法。在学校的教育活动中，学习型组织理念的应用对教师和学生的发展都有重要意义。对于教师而言，学习型组织需要他们具备良好的自我学习和反思能力，并将这种能力融入教学过程中。教师应该不断更新自己的知识和技能，探索新的教学方式和方法，以更好地满足学生的学习需求。同时，学习型组织需要建立一种鼓励教师持续学习和创新的文化氛围，为教师的教学工作提供更好的支持和资源。对于学生而言，学习型组织也为其学习提供了更好的平台。学生在学习过程中需要积极主动地学习和探索，并将所学知识与现实生活和社会实践相结合，实现知行合一。学校应该建立一种学生主动学习和创新的文化氛围，为学生提供更多的学习机会和资源，激发学生的学习热情和兴趣，帮助他们实现自我价值的提升。

建设高校学习型组织需要各成员具备超越自我的精神，面向未来并寻求实际解决方案。学校应该鼓励学校成员发展，使学校成员认识到个人成长对组织成功的重要价值。为此，学校管理者需要引导学校成员不断改变自己的思维模式，以适应快速变化的环境。此外，学校应该鼓励学校成员表达自己的意愿和想法，创造一个开放的环境。

教师是教育改革的主体和动力，他们需要不断地学习和研究教学与教学管理方面的知识，以适应知识经济时代的知识不断创新的需求。随着社会发展的变化和时代的发展，教育也需要不断地进行改革，这就要求教师不仅要传授知识，还要不断地探索育人的规律，不断提升自身的教学水平，以实现教学改革，全面推进素质教育。教师不仅要成为教学的传授者，还要成为学习者和研究者，积极探索教育规律。教师的教学管理研究是推动教育改革的重要动力，只有不断提升教师的教学水平和教学管理能力，才能实现教育的现代化和高质量发展。

（三）贯彻以人为本的指导思想

人是科技进步、物质财富创造和社会生产力发展的核心，因此以人为本的管理思想成为现代管理实践中的重要原则。这一原则的核心观点是“人是第一要素”，反对忽视人的价值和尊严、忽视人的作用和贡献的错误观点和做法。实践以人为本的思想需要坚守尊重人、关爱人、培养人、信任人、发展人以及关注人的本质的基本原则。这一思想的科学内涵在于现代管理必须以人为核心，通过做好人的工作、不断提高人的素质、调动人的积极性等手段来提高管理效率，实现预设目标。

高等学校的教学管理组织应当贯彻以人为本的管理思想，将构成组织的个人视为最重要的要素，力争满足每位教职工的需求，激发其教书育人的动力，实现“人尽其才、各尽所能”的目标。为达成这一目标，需要实施以下两方面的策略。

一方面，高等学校的教学管理组织应该以教师为主体，采取以教学为中心的工作方式。要达到这个目标，教学管理组织的重心需要向下移动，赋予学院、系、部、研究中心等实体组织更多的权力，让教师成为教学工作的直接实施者，以教学骨干、科研人员为主要力量，调动他们的积极性和创造性。教师是教学工作的关键因素，他们的主体意识越强、责任感越强，教学效果就越好，所以应让教师成为教学管理的主体，构建以人为本的教学管理组织机构。

另一方面，以人为本的管理思想要求高校的教学管理组织采用激励的方式来调动人的积极性，从而实现学生和教职工的全面发展。目标激励、奖惩激励、情感激励等是适用于高校的激励方法，这些激励方式的正确运用对于研究教学管理中的以人为本思想也是非常重要的。

（四）建立网络化教学管理组织

随着信息技术、网络技术的飞速发展，网络化的管理方式成了21世纪组织结构的重要特征之一。信息技术和网络技术的广泛应用也对教学管理组织产生了深刻的影响。

第一，网络化教学管理组织不但缩短了学校与其他组织之间的时空距离，而且促进了教育资源的共享和利用。通过网络平台，学校能够与其他教育机构、研究机构等建立紧密联系，实现教学资源的互联互通，加快信息的传播和共享。这种开放的教学管理模式有助于学校及时了解国内外教育改革动态，汲取先进的教育理念和教学方法，提升教育质量和办学水平。

第二，网络化教学管理组织将不同层级的管理人员联结在一起，提高了信息传递的速度和准确性。此外，教学管理组织网络化还能够汇聚更多的信息资源，包括教育专家的研究成果、社会各界对教育的期待、企业对人才的需求信息等，从而为教育改革提供有力支持。

第三，随着教学管理组织网络化的发展，学校逐渐形成了自主型组织结构。这种结构不但强调管理者的责任，而且关注学生的发展，以学生为中心，培养学生的综合素质和能力，鼓励学生掌握探究、实践、协作和思考等能力，为学生提供更多机会，充分发挥学生的潜能。这种组织机构的建立有助于培养出适应21世纪学习型社会的新一代人才。

三、教学管理体制的完善

在改革开放的历程中，高校内部管理体制改革一直是高校体制改革的重要方向，其目的在于优化资源配置，理顺内部关系，提高工作效率，适应当前和未来的高等教育发展需要。

（一）新一轮教学管理体制改革的特点

我国社会的深刻变革使高校的功能、目标、使命发生了重大变化，高校需要进行教学管理体制改革，以适应变化，提高效率，加强创新，实现可持续发展。

1. 加强机制建设

加强机制建设是新一轮改革的显著特征，高校重点建设的有以下几种机制。

自我约束、自我调控机制是高校根据内部需求和外部环境调整自身的管理结构、制度和运行方式，以确保组织的高效运行和可持续发展。建立这一机制的核心是编制管理，通过科学合理的编制管理，高校可以实现人力资源的优化配置、提高组织效率和有效遏制各类浪费现象。同时，自我约束、自我调控机制意味着高校应主动承担社会责任，关注学生的成长和发展，积极参与社会服务，为国家的发展和社会的进步做出贡献。

竞争上岗机制是指高校引入竞争机制，以选拔优秀人才、激发员工积极性、提高工作效率。这一机制强调岗位与员工之间的匹配程度，提倡按照能力、贡献、绩效等因素选拔和使用人才，旨在激发员工的自我提升和发展潜力。竞争上岗机制有助于高校形成公平、公正、透明的用人环境，实现人才资源的最佳配置。

“效率优先、公平兼顾”的分配激励机制关注绩效与贡献，强调员工的努力和成果应得到相应的回报，旨在激发员工的工作积极性和创新能力。分配激励机制还注重公平性，要求在分配过程中体现公平原则，使员工感受到公平和正义，增强组织凝聚力。通过建立这一分配激励机制，高校可以激发员工的内在动力，提高工作效率和整体绩效。

人员流动机制是指高校根据人才需求和员工发展需要，实行合理的人才流动机制，实现人才的合理流动。人员流动机制有助于打破固化的人事制度，促进人才交流与合作，提高员工的专业技能和综合素质。

2.重视人才资源的优化配置

高校应该合理利用内部人才资源，从而提高办学能力和资源利用效率。为了实现这一目标，高校可以采取多种措施，如改革人事分配制度、进行成本核算、打破部门之间的障碍等措施。改革人事分配制度是激励高校内部人才的有效方式，传统的人事分配制度往往只考虑职务层次和工龄，忽略了个人的能力和贡献。改革人事分配制度可以引入竞争机制，通过设立绩效考核和激励机制，让人才能够得到合理的激励，感到自己的工作有所回报，提高他们的积极性和创造力。通过成本核算和打破部门之间的障碍，高校可以提高资源的利用效率。成本核算可以让高校了解到各项资源的使用情况和成本，从而找到资源利用的瓶颈，并采取相应的措施进行优化。打破部门之间的障碍可以促进资源的共享和协作，避免重复建设和浪费，提高资源的利用效率，实现高校内部的资源整合和优化，以提高高校整体的办学水平和竞争力。

（二）新一轮教学管理体制改革的方向

在国家经济体制改革、政治体制改革以及教育体制改革的背景之下，新一轮教学管理体制改革的方向重点突出了以下两点。

1.充分发扬民主，权力重心下移

总体来说，在横向权力结构方面，教学管理体制改革需要扩大高校学术民主管理的权力，使教师拥有治学权和参与决策的权力，并健全决策系统和执行系统，实现决策权和执行权的适当分离；在纵向权力结构方面，学校应适当下放给院系一级部分学术、行政权力，使其拥有更多自主权，促进高校的发展，使高校适应不断变化的社会需求。具体来说，扩大高校学术民主管理的权力是教学管理体制改革的重要内容，教师作为高校最主要的生产力，应该拥有治学权和参与决策的权力，以更好地发挥其专业和学术能力，推动高校教学改革和发展；高校应该建立健全决策系统和执行系统，实现决策权和执行权的适当分离，从而使教师能够更好地专注于教学和科研工作；将学术、行政权力适当下放给院系一级是纵向权力结构改革的必要措施，随着学校规模的不断扩大，权力过于集中在上层会导致基层学科和课程的调整和设置权、科研项目的管理权、教师聘用权、资源分配权、人事权等过于集中，难以适应不断变化的社会需求。因此，学校应该适当放权给院系一级，增强其自主权和适应能力，这样也能更好地体现高校的整体特色，使高校走好差异化发展之路。另外，学校应该建立健全决策机构、咨询审议机构和监督机构，并广泛吸收教师、教授和校外各界人士，以实现高等教育管理民主化。

2. 提高管理专业化水平

管理专业化是提高高等教育管理规范化、制度化和高效化的必要手段，提高管理专业化水平是改革成功的必要条件。而现阶段高校在教学管理改革方面存在的误区包括将管理看作服务、缺乏人力资源管理观念、错误地将提升管理专业化水平与高学历或高职称教师担任行政职务等同起来。为了提高管理专业化水平，需要摒弃“管理即服务”的观念，确立“管理是科学、管理出效益、管理是生产力”的理念，同时遵循学习型组织设计原则，采取多种途径和措施提高管理者的专业化水平和培养专业化管理队伍。

高校作为教育机构，管理的重要性不言而喻。然而，长期以来，高校管理往往被视为一种服务性的职能，管理本身是一门科学，需要专业知识和技能这一点被忽视了。要推动高校管理的现代化，就需要先转变这种观念，将管理视为一门科学，强调管理者的专业化。高校的管理组织结构应该遵循学习型组织的设计原则，充分激发管理者和组织成员的学习动力，促进他们不断提升与岗位相适应的管理专业化知识和能力。这意味着高校需要优化组织结构，聚焦核心业务，以适应时代发展的要求。在这个过程中，管理者需要不断学习和更新管理理念和方法，提高自身的专业素养。为了提高管理的专业化水平和培养专业化管理队伍，高校可以开设博士课程计划，为有志于从事高等教育管理的人才提供深入学术研究和专业知识学习机会；与企业合作，学习和借鉴企业管理的先进经验和方法；组织专业化管理培训，为管理者提供系统培训和实践的机会。这些措施能够帮助高校建设起一支具备专业知识和能力的管理团队，为高校管理的现代化奠定基础。除了学科专业知识，管理者还需要具备创新思维和灵活应变的能力，能够应对高等教育管理中不断出现的新问题和挑战。高校可以注重培养管理者的新思维和新方法，提供跨学科的学习机会，鼓励管理者参与研讨会、学术会议和行业交流，不断拓宽视野和提升能力。

四、教学质量评价体系的完善

高等教育改革的发展使各高等院校在规模、学科和专业方面发生了前所未有的变化。为培养适应社会需求的高素质人才，深化教学改革和加强教学管理已成为各高校努力的方向。高等学校必须完善教学质量评价与监控体系，以确保教学水平稳步提高。富有活力的教学管理制度有助于激发教师教学的积极性和创造性。

教学质量评价体系涵盖了整个教学过程，包括形成性和诊断性评价、终结性评价、目标性评价、条件性评价和过程性评价。它强调过程管理和结果管理相结合，提供多方面的反馈信息，以科学教育理论为指导。教学质量评价体系对于教育管理者和教师来说都是非常重要的。教育管理者应该通过建立科学的评价监控机制来全面了解教学质量的情况，识别出问题并采取相应的改进措施。教师则可以通过教学质量评价体系获得反馈信息，了解自己的教学表现和不足，并加以改进。此外，教学质量评价体系还可以促进学生的参与，让他们更积极地参与教学过程，反馈教学质量。

（一）完善教学质量评价体系需要遵循的原则

合理、客观、有效的评价指标体系是进行教学质量评价的基础，也是评价功能能够正常发挥作用的前提。高校在完善教学质量评价体系方面需要遵循以下原则。

1.客观性原则

教学质量评价体系能够规范教学行为，引导教学观念，体现现代教育思想。评价标准作为一种尺度和规范，需要如实、客观地反映教学实际。高校在完善教学质量评价体系时，需要考虑多个因素，如教师的教育观念、教学指导思想、教学方法、敬业精神、业务能力，以及学生的学习氛围、学习风气等。这些因素会对教学效果产生不同程度的影响，因此评价体系需要全面考虑，不能片面或偏颇。这样才能更准确地反映教学实际，为教学改革提供有力的支持。完善教学质量评价体系需要科学的方法和工具的支持。高校在选择评价方法时，应该既考虑课堂教学的质量，又考虑课外教学的质量；评价指标应该涵盖知识的传授、能力的培养、素质的提高等方面；评价标准应该具有客观性、可操作性、可重复性和可比性，能够真实地反映教学水平；针对不同类型的教学和不同阶段的学生应采用不同的评价方法和工具，以确保评价的科学性和公正性。

2.有效性原则

教学质量评价与监控体系应能够衡量教师和教学活动实现教学目标的程度。在制定评价标准时，需要兼顾社会对教学的要求和学生内在发展需求，全面反映教学的特点和教学效果，以确保评价体系的全面性和有效性。评价指标的制定除了应当充分考虑客观性，也应当注重评价的有效性，以确保评价体系最终能够达到评价的目的并发挥其应有的作用。如果仅仅考虑指标的客观性，而忽略了评价的有效性，评价体系就很难发挥其作用，也难以实现教学质量的提高。

3. 导向性原则

导向性原则是指在完善教学质量评价体系时，要明确评价的目标和导向，确保评价过程服务于高等教育的发展目标和学生的全面成长。这意味着教学质量评价体系的设计应与高校的教育使命、发展战略以及教学目标相契合，注重培养学生的综合素质和创新能力。导向性原则要求评价过程关注量化指标，更要关注教学过程和学生的学习成长。在教学质量评价中，导向性原则强调以下几个方面。

（1）与高校的教育使命相契合。教学质量评价体系应与高校的教育使命紧密关联，确保教学目标与高校的发展战略一致。评价应该着眼于高校的长远发展，为高校的教学改革和提升教学质量提供指导。

（2）注重学生综合素质和创新能力的培养。教学质量评价要关注学生的综合素质和能力发展，而不仅仅关注课程考核的分数。培养学生的创新能力、实践能力和跨学科综合能力是高等教育的重要目标。

（3）关注学生全面成长。教学质量评价应关注学生的全面成长，如学业成绩、职业发展、社会责任感等方面，为学生的终身成长提供支持。

（4）不断改进与完善。导向性原则要求教学质量评价体系不断改进和完善，以适应高等教育的不断变化和发展。教学质量评价体系应能灵活应变，及时调整评价目标和方法，确保评价的有效性和可持续性。

（二）教学质量评价的特点

1. 教学质量评价是教学管理的必要方式

教学质量评价是教学管理的必要方式，能够对教学过程和结果进行客观、全面的评估。教学质量评价能够帮助教育管理者了解教学的实际效果和学生的学习情况，获得客观、准确的数据和信息，了解教学过程中存在的问题和不足，从而能够对教学进行合理调整和改进。教学质量评价可以提高教学质量和教师教学水平，根据评价结果，教师可以及时发现自身的教学优势和不足，从而积极反思和改进教学方法，提高教学质量和效果。教学质量评价可以优化教学资源配置，使教师深入了解学生的学习需求和特点，合理配置教学资源，满足学生的多样化需求，提高教学效率。教学质量评价可以通过多维度、客观性的评价，有效提高教育的公平性和公正性，避免主观评价和不公平对待，确保教育资源的公平分配，让每个学生都能得到公平的教育机会。

2. 教学质量评价主体的多元化

评价主体的多元化是现代教学质量评价的重要特点之一，它强调了教师和学生在教学质量评价中的重要作用。学生参与评价不仅能提高自身在教学改革中的积极性，强化主体地位，还有助于教师认识学生学习的需求，从而有助于加强教学与学习之间的互动关系，促进教学质量的提高。教师通过自我评价，能够更加客观地了解自己的教学水平，找出自己的不足和改进方向；领导、同行教师和学生的评价能够使教师获得全面、多角度的反馈，体现了教学质量评价的全面、客观、公正。在实际教学质量评价中，应该注重评价主体的多元化，合理利用学生和教师等多方面的资源，以建立全面、客观、公正、科学的教学质量评价体系。同时，在评价过程中，应该注重评价标准的科学性和可操作性，避免主观性和不公正性，提高教学质量评价的可信度和有效性。

3. 定性评价与定量评价相结合

教学质量评价既需要采用定量分析的方法，又需要注重人文因素的作用，采用定性评价强调评价过程中人与人之间的对话和情感交流。这种方法的优势在于既保留了定量评价的优势，又兼顾了定性评价的方法，能够更全面地评价教学质量，提高教育教学水平。定量评价方法能够将教学过程的指标量化成数据，并采用不同的权重系数计算得出最终评价结果，使评价结果更加客观和准确。但是，仅仅依靠定量评价无法全面反映教学质量的情况，容易丧失很多信息。因此，需要注重人文因素的作用，采用定性评价的方法，重视多种因素的作用，以人为本，关注人的情感体验和主观感受，强调评价过程中人与人间的对话和情感交流。这样才能更好地表现教学的实际情况，客观、全面、准确评价教学质量，避免了单一评价方法所带来的局限性。

（三）完善教学质量评价体系的意义

随着高等教育的不断发展，各大学的招生规模和教师队伍方面得到了进一步加强，同时专业设置不断优化，办学水平不断提高。在这样的背景下，加强教学管理，提高教学质量，增强学生学习积极性、主动性和适应性成为当前教学工作的重要任务。为此，教育者需要不断加强高等教育管理。

教学质量评价体系的完善对高等教育管理的发展和教学质量的提高具有重要意义。对教学过程的科学评价能够提供客观、全面的教学反馈信息，帮助教师和学生发现存在的问题和不足，促进教学工作的发展，提高教学质量；教学质量评价体系还可以为建立科学的高等教育管理体制提供支持，促进教学工作的有效开展。

第五章　现代高等教育管理的创新途径

第一节 信息技术支持下的高等教育管理

一、信息技术支持高等教育管理的主要方式与效用

（一）校园网

1.校园网在高等教育管理中的主要应用方式

学校校园网是由计算机、服务器和网络设备等组成的局域网，旨在为学校的教育、教学和管理提供网络服务。它不仅能够实现校内信息交流和资源共享，还能够通过连接互联网，实现在全球范围内的信息交流和资源共享，为学校的教学、科研和管理提供了强有力的网络环境。

在校园网络中，根据不同的需求和应用场景，可以采用多种网络结构来构建高效可靠的网络环境。首先，采用异步传输模式（Asynchronous Transfer Mode, ATM）作为主干网络的结构，这种结构主要适用于综合性大学或规模较大的高等院校，原因是它能够满足大量站点的需求和广泛的网络分布。ATM 具有高带宽和低时延的特点，非常适合传输实时性要求较高的应用，如视频会议、远程教学和多媒体教学。通过 ATM 主干网络的构建，学校能够实现高速、稳定的数据传输，提供优质的网络服务。其次，采用交换机作为主干网络的结构，这种结构多见于高职高专院校的校园网络，其特点是网络流量较大，但各子网之间的流量相对较小，网络应用较为分散。交换机具有高速转发和灵活的拓扑连接能力，可以根据网络流量的需求进行灵活的数据转发和路由选择。通过交换机主干网络的搭建，学校能够实现网络流量的高效管理和分发，提高网络的可用性和性能。最后，采用快速以太网作为主干网络也是一种常见的结构，

这种结构适用于高职高专院校的校园网络，相对于前两种结构，快速以太网的网络流量较小，但各个子网之间的流量较大。快速以太网具有成本低、易于部署和维护的优势，适用于较为集中的网络应用场景，如校园网内的文件共享、邮件服务和在线学习平台。通过快速以太网主干网络的建设，学校能够实现高效的内部通信和资源共享，提升师生的工作效率和学习体验。在选择适当的网络结构时，学校需要综合考虑网络规模、应用需求和预算等因素。重要的是，网络结构应能够满足学校内部的通信和资源共享需求，提供稳定、高效的网络服务。此外，网络结构的选择也需要与学校未来的发展规划相匹配，能够适应新技术和应用的引入，为学校的教学、科研和管理提供可持续的支持。

校园网为教学管理和科研活动的现代化提供了坚实的物质基础，在高等教育管理中主要有以下几种应用方式。

（1）应用校园网实施在线教学。首先，在线教学具有即时性强的特点。学生和教师可以通过网络进行即时交流，如在线答疑系统能够让学生及时将遇到的问题反映给教师。这种及时沟通使教师可以更快地了解学生的学习情况，给予指导，并根据需要及时调整教学计划和内容。其次，在线教学节约了大量的人力资源。随着高校扩招，教师人数的不足日益突出。而在线教学可以解决这个问题。在传统教学模式下，同一课程需要多位教师分别讲解给不同班级的学生听，而在线教学可以同时面对多个班级的学生，节约了教师的时间和精力，让教师能够有更多的时间进行科研和其他课程的讲授。最后，在线教学还节约了大量的物力资源。高校扩招使教室、实验室、图书馆等物力资源紧张。而在线教学不受地域和场地的限制，学生和教师可以在任何地方进行教学互动，从而节约了物力资源。

（2）应用校园网实施离线教学。离线教学作为一种非面对面的教学方式，具有时间和空间自由度等优点，但也存在一些缺点：一方面，教师难以直接观察学生的学习情况，对学生的学习效果控制能力较差；另一方面，学生的自律性可能会受到影响，学习过程可能会流于形式。因此，在离线教学中，教师和学生之间的有效沟通和互动尤为重要。教师应该制订有效的教学计划和采用教学材料，提供充分的指导和支持，同时要鼓励学生参与互动，提出问题和意见。在学习过程中，学生需要保持学习的积极性和自觉性，遵守学习计划，及时完成作业和任务，并向教师反馈学习情况和问题。此外，离线教学也需要注意信息安全问题，加强信息保护，防止信息泄露和网络攻击。

（3）应用校园网管理教务信息。校园网为高校的教务信息管理提供了现代化的途径。教务信息管理系统一般由校长、教务、教研、教师、学生、学生成绩和系统维护等几个模块组成。通过应用校园网进行教务信息管理，其优点主要体现在高效率和自动化的发展方向。校园网的应用可以让教务工作变得更加高效和科学化，从而节约人力、物力和时间成本。

2.校园网在高等教育管理中的效用

校园网实现了学校内部的信息交流和资源共享。通过校园网，师生可以方便地在校内进行电子邮件、即时通信和在线论坛等形式的沟通，促进师生之间的互动和交流。教师可以发布课程资料、作业要求和学术讲座信息等，学生可以及时获取学习资源和参与学术讨论。这样的信息交流和资源共享促进了学校内部的合作与协作，提高了教学和学习效果。校园网通过连接互联网，实现了学校与全球范围内的信息交流和资源共享。学校可以通过校园网访问互联网上的各种教育资源、学术论文、研究成果等，师生的学术视野得到了拓宽。教师可以通过互联网获取最新的教学方法和研究动态，不断更新教学内容和教学手段。学生也可以通过互联网获取各种学习资源和参与在线学习课程，提升个人的学习能力和综合素质。此外，校园网还为学校的科研和管理提供了强有力的支持，教师可以利用校园网进行科研项目的申报、资料的收集和研究成果的发布；管理人员可以通过校园网实现学生信息管理、教务管理和财务管理等各项工作，提高管理效率和信息安全性。

（二）多媒体教学系统

1. 多媒体教学系统在高等教育管理中的主要应用方式

随着科学技术的日新月异，高等教育管理活动中多媒体技术应用越发广泛。这种以多媒体计算机为核心的技术突破了传统教学模式的限制，使高等教育的教学管理，特别是教学质量管理提升至一个新的水平。现阶段，高等教育管理主要采用以下四种多媒体教学系统。

（1）多媒体综合教室：在传统教室基础上增加多媒体计算机、大屏幕投影设备等现代教学媒体，广泛应用于计算机、语文、数学、生物等各类学科的教学。许多学校都配备了此类教室，通常所称的多媒体教室即指这种综合教室。

（2）多媒体网络教室：又名网络化多媒体教室，基于普通单机或计算机网络教室，增设音视频传输卡及控制网络，连接教师机和学生机构成多媒体教学网络。这种网络支持教师和学生实时互动，并具备多种教学管理功能，如实时广播、监控、远程控制等，从而提高教学质量。

（3）语言实验室：即语言学习系统，已成为语言教学、培训和研究的关键工具。现代语言实验室通常由多媒体计算机组成，具有视听和交互功能，可用于语言教学等专业教学。根据功能，分为五种类型，其中听说对比型和视听说对比型实验室应用最为广泛。这些实验室为语言教学和培训开拓了更广阔的空间，提高了教学和学习效率。

（4）微格教室：主要用于微格教学，包括模拟教室、控制室和示范观摩室。主要应用于师范院校学生和在职教师的教学技能培训和评价。微格教室还可以用于音乐、体育等技能训练，并可播放优秀教师或外聘特级教师的示范课程转播或实况录像，供其他师生观摩学习。微格教室还可与校园卫星电视网结合，实况转播学校重大活动和课程，供全校师生观摩和学习。总之，微格教学训练的有效性依赖于教师课前的精心策划以及课中良好的组织工作。

2. 多媒体教学系统在高等教育管理中的效用

多媒体教学系统在高等教育管理中的有效性主要体现在以下几个方面。

多媒体教学系统可以提高教学质量和效率，通过使用多媒体教学手段，教师可以更加生动形象地展示教学内容，让学生更容易理解和掌握知识。多媒体教学系统可以使教学内容更加直观，如在地理课上使用卫星地图、气象图表等，可以使学生更加深入地了解地理知识；在语言类课程中，使用多媒体课件可以展示与语言学习相关的图片、视频、音频等，让学生更好地理解语言，提高语言的听说读写能力。多媒体教学系统可以让教学变得更加灵活，教师可以根据学生的需要和兴趣制订教学计划，以便更好地满足学生的需求。多媒体教学系统可以提高学生的学习兴趣和积极性，多媒体课件中的图像、音频和视频等丰富的内容可以吸引学生的注意力，增强学生的学习兴趣，使学生更积极地参与教学活动，让学生更加主动地学习课程内容。引入多媒体教学系统，学生可以更加深入地理解知识点，提高学习效率，从而增强自信心和学习成就感。多媒体教学系统可以提高教学资源的利用效率，采用多媒体课件进行教学可以减少教学用具和实验用具的购买成本，从而节约学校的教育资源。多媒体教学系统还可以促进教学资源的共享和利用，使学校的教育资源更加优化和高效。

（三）数字化学习资源中心

1. 数字化学习资源中心在高等教育管理中的主要应用方式

在高等教育管理中，数字化学习资源中心有多种应用方式。学生可以自由进入数字化学习资源中心，根据自身学习需求，选择和利用其中的多媒体学习资源。通过这种方式，学生可以根据个人的学习节奏和学习兴趣进行自主学习，提高学习的灵活性和效果。通过视听设备和计算机终端等设备，教师可以展示和演示各种教学内容，激发学生的兴趣和提高学生的参与度；数字化学习资源中心还可以支持教师的教学创新和研究，提供交互式学习实验室的环境，让教师能够进行教育训练的研究，并整合电子资源和课程，实现教学资源的优化和共享。通过对学习资源的合理编目和索引，数字化学习资源中心能够帮助学校进行知识的整理和分类，提供便捷的资源检索和利用服务；学校可以利用数字化学习资源中心建立知识库和学习社区，促进教师和学生之间的知识共享和合作；通过数字化学习资源中心的知识管理功能，学校可以提高知识的传播效率和质量，促进学术研究和教学改进。

（1）数字图书馆。数字图书馆是当代高等学校信息化建设的重要组成部分，它集成了大量的数字化信息资源，具有查询方便、时空不限、数字化管理和信息及时性等优点。数字图书馆已成为高等教育管理中的重要工具，主要应用于以下几个领域。科研人员可以通过数字图书馆查询各类文献资料，包括最新的学术论文、期刊、会议论文等。数字图书馆还提供数字化地图、数字图像、数字化视频和数字音频等数字化工具和资源，这些资源可以帮助科研人员更好地开展科研活动，并提高科研成果的质量和效率。数字图书馆可以为教师和学生提供丰富的数字化教学资源，如数字化课件、学术论文、教学视频等。教师可以利用数字图书馆资源丰富教学内容，提高教学效果；学生可以通过数字图书馆资源巩固学习内容，提高学习成果，全面提高自身素质。数字图书馆提供了丰富的数字化教育资源，可以为远程教育提供支持，教育者和学习者可以通过数字图书馆在线学习、互动交流，达到远程教育的目的。

（2）虚拟实验室。虚拟实验室是一种可视化的三维环境，在网络中提供仿真或虚构的实验对象，使用户能够进行虚拟实验。它基于多媒体计算机技术、网络技术和仪器技术，为实验类课程的教学改革及远程教育提供了条件和技术支持。虚拟实验室不但可以提高远程教育的教学效果，而且能够为一些缺乏实验条件的学生提供身临其境地观察实验现象的机会，甚至能让该校的学生和异地的学生合作进行实验。虚拟实验室能够通过计算机在网络中模拟一些实验现象，为学生提供更多、更新、更好的仪器，还能够为教学和科研提供更广泛的支持，是一种全新的科学研究与工程设计方法，是除理论与实物外的第三种研究设计手段和形式。虚拟实验室利用虚拟现实技术，创建出可视化的三维环境，让用户进行虚拟实验，并提供一种特殊的解决问题的环境，学生可在其中进行观察、操作和构建等，从而能够获得体验或有所发现。虚拟实验室为用户提供了实验教学、技术交流和协作的平台，具有智能化特征，为学生和教师提供了更好的操作和交互体验。

2. 数字化学习资源中心在高等教育管理中的效用

数字化学习资源中心是随着信息技术的快速发展而出现的一种新型学习环境，它为学生的自学和教师的教学提供了许多优质服务。

（1）海量信息共享。随着互联网的普及，学生和教师可以使用数字化学习资源中心轻松地获取丰富的数字化信息资源，这些资源可以帮助学生更加全面深入地了解所学的知识和技能，也为教师的科研提供了优质服务。

（2）突破时空限制。在远程教育领域，数字化学习资源中心提供了数字图书馆、虚拟实验室等工具，学生和教师可以在任何时间和地点使用这些工具，实现远程学习和远程教学。这样，学生和教师不再受到时间和空间的限制，可以更加自由地安排学习和教学计划。

（3）降低教学成本。通过数字化学习资源中心，学校可以充分利用数字资源，节约大量的教学资金，避免浪费教学资源。这样，学校可以将节省下来的资金用于其他方面的建设和发展，进一步提高学校的教学质量与高等教育管理水平。

（4）交互性强。数字化学习资源中心为学生和教师提供更多交互机会，如应用数字图书馆和虚拟实验室的网络通信功能，学生和教师可以更加快捷地交流，提高科研能力和实验效果。

数字化学习资源中心在高等教育管理中具有优势，但也要具备一定的条件。第一，因为数字化学习资源中心需要优质的硬件设备和畅通的网络，所以学校需要给予足够的资金和技术支持。第二，应用数字化学习资源中心要求教师和学生具有较高的计算机操作能力和信息素养。第三，学生需要具有较强的学习自觉性和问题解决能力。因此，要实现数字化学习资源中心的有效应用，需要学校、教师和学生共同努力，从而提高数字化学习资源中心的应用效果和学校的教学质量与高等教育管理水平。

二、信息技术支持教学管理的具体措施

（一）完善高等学校现代化教学管理的软硬件设施配备

1. 硬件设施配备

高等学校的现代化教学管理离不开教育技术的支持和硬件设施的配备。在进行硬件设施配备时，高等教育管理者需要考虑许多因素，如资金是否充足、教育技术的发展趋势、学校特色等。因此，在进行硬件设施配备时，需要把握好“度”，采取逐步实现、由点到面、统一协调的策略。资金不充裕的高等学校可以先从使用率较高的多媒体教室开始建设，以满足教学需求，逐步发展教育技术、升级硬件设施、实现教学手段的现代化，需要考虑长远发展，前期建设要与后期计划协调统一，为日后硬件更新打下基础，避免浪费资金和拖延现代化教学管理进程。

高等学校进行硬件设施配备时，不仅要关注新设备的引入，还要考虑如何对淘汰的设备进行合理处理，促进资源的循环利用。首先，可以通过与相关机构和组织合作来实现，如与慈善机构合作，将这些设备捐

赠给有需要的学校，特别是那些位于艰苦边远地区的学校，从而推动教育资源的再利用和再分配，推动教育公平的实现。其次，可以建立健全设备更新与回收机制，确定相应的流程，确保淘汰的设备得到合理的处置，发挥最大的社会价值。最后，淘汰的硬件设备也可以以廉价的方式出售，从而获得一定的资金补偿，所得资金可以用于购买新的设备，进一步提升高等学校的教学硬件设施水平。对于那些经济条件有限的学校和组织来说，以廉价出售淘汰的设备是一种经济实惠的选择，有助于扩大其教育资源的范围和质量。

2.软件设施配备

高等教育管理软件的开发和使用需要注重软件的投资效益，避免浪费。应用于高等教育管理的软件主要分为两类：一类是日常教学管理办公软件，另一类是日常教学使用的多媒体教学软件。这两类软件应该由专业人员开发，应具备实用性和符合高等教育管理的需求和特点，所开发的多媒体教学软件应能创造出丰富多彩的教育情境，激发学习者的想象力和创造力，提供更好的教学服务。

（二）强化信息技术背景下高等教育管理者队伍建设

高等教育管理者队伍的建设情况是衡量教学工作水平高低的重要指标。高等学校的教学管理工作与教学管理人员密切相关，师资队伍建设、教学条件改善、专业建设与教学改革等，都需要教学管理人员的努力和贡献。

1.全面提高高校管理者的现代化教学管理能力

为了实现现代化高等教育管理的要求，高校管理者应具备现代科学管理理论、先进教学管理理念和现代化教学管理能力；在实践中，应积极响应国家政策，支持教学管理改革，在教学管理中合理利用教育技术，并在实际工作中积极表彰教职人员做出的成绩，以提高工作效率；

高校管理者还应具备正确理解教育技术本质的能力，而不仅仅注重表面的使用量，只有这样才能够提高教学管理工作质量。具体而言，包括以下几个方面。

（1）强化信息技术知识的培训。教育技术已经成为现代教育的重要组成部分。在数字化时代，教育技术在高等教育中的应用已经成为提高教学管理工作效率和质量的必要手段。然而，要应用教育技术，需要对其有深入的理解和正确的把握，尤其是对于高校管理者这一重要群体而言。高校管理者不仅需要了解教育技术的应用方法，还需要理解其背后的理念，这样才能将其与教学管理有效结合。首先，面向高校管理者的教育技术培训应该注重教育技术的理念把握。高校管理者应该了解教育技术的基本原理、发展趋势和应用范围，从而为教学管理提供科学依据。此外，高校管理者还应该了解教育技术在不同教学场景下的应用，如何根据实际情况制订教育技术的应用方案，并且了解如何评估教育技术的应用效果。其次，面向高校管理者的教育技术培训应该注重教育技术与教学管理的结合。高校管理者需要了解教育技术与教学管理的协同关系，了解如何将教育技术与课程设计、教学评估等方面结合，从而达到优化教学管理的效果。

（2）提高对投资回报的重视度。高校管理者在对软硬件进行投入时，应该注重投资回报的质量，而不仅仅注重数量。这意味着高校管理者在进行投资决策时，需要充分考虑投资收益的重要性，以确保资源的有效利用和持续发展。投资回报的质量关乎投资所能带来的实际效果和长期影响，高校管理者应该权衡投资成本和潜在收益，以确保每一项投资都能够为学校带来可观的回报；还在评估投资项目的预期效益、可持续性和潜在风险，确保其与学校的发展战略和教育目标相契合。

（3）提高对教育技术专业人员的重视度。在高等教育管理现代化建设中，缺乏专业化技术队伍会导致教育技术在教学管理中应用的需求无法得到满足。因此，高校管理者应注重引进和培养教育技术人才，带动教学管理部门其他教职人员的教育技术水平提高，从而促进学校发展。

（4）重视并促进教学管理各部门的合作。在运用校园网进行教学管理工作时，虽然各部门表面上看似独立运行，但校园网的共享功能为各部门提供了合作平台，高校管理者应该抓住这一机遇，统一规划，加强各部门之间的联系，以促进教学管理各部门的合作，从而使教学管理工作更加协调和有序。

2. 加强教学管理人员的信息技术应用能力培训

（1）建立规范化的培训机制。为了提高我国教学管理人员整体素质，需要建立规范化的培训机制，以提升教学管理人员的能力水平。首先，建立明确的培训时间安排至关重要，应定期进行培训，确保教学管理人员能够有时间参与学习，并将所学知识应用于实际工作中。合理规划培训时间可以避免对参与培训人员的日常工作产生过大的干扰，同时保证培训的连贯性和持续性。其次，培训内容的设计应当针对教学管理人员的需求，并注重计算机基础知识的学习和计算机基本技能的培养。培训内容可以包括教育技术应用、办公自动化软件的学习和应用、数据分析和信息管理等方面的内容。通过培训，教学管理人员能够获得必要的技能和知识，提高对教育技术的理解和应用能力。最后，为了确保培训的实效，对所培训内容进行考核是必要的。考核可以采用测试、评估和实际操作等方式进行，以检测培训成果。通过考核结果，可以评估培训的质量，及时调整培训内容和方式，进一步增强培训效果。

（2）重视教学管理人员信息素养培训。教学管理人员的信息素养包括教育技术应用水平、信息意识、服务态度、创新能力等多个方面。为了全面提升教学管理人员的信息素养，培训内容应该包括教育技术应用、信息意识、服务态度、创新能力等多个方面。只有这样，才能让教学管理人员具备全面的信息素养，更好地适应信息技术环境下的现代化教学管理。

第二节　以人为本理念下的高等教育管理

一、以人为本的高等教育管理含义

“以人为本”是高等教育管理的重要指导思想，强调将人放在管理的核心位置，以人的本性和发展规律为基础，关注学生和教师的成长和发展，将人作为管理的主体、对象和产品。在高等教育管理中，“以人为本”应该贯穿各个环节和行为中，在教育目标制定、教学环境建设、教学任务分配、教学管理决策制定和执行、教学内容选择、教学过程实施、教学方法选择以及教学评价等方方面面，以关心人、尊重人、激励人、解放人、发展人为指导思想，更好地服务于师生，实现学校和个人的发展目标。

在实践中，以人为本的高等教育管理需要注重以下几点：首先，要尊重师生的意愿和按照教育教学规律办事，不能强制安排，违背教学规律，否则教育就会变成“照本宣科”的模板化教育；其次，要关注师生的个性化需求和发展潜能，充分发掘每个人的优势和特长，选择适合不同类型学生的教育环境和教育方式；再次，要重视教师的教育教学理念和师德建设，提高教师的教学水平和素质，为学生提供优质的教育资源和教育服务；最后，要强调高等教育管理的人文关怀和精神塑造，关心师生的身心健康和精神状态，提高师生的人文素养和精神文明程度。

二、以人为本高等教育管理的内容

（一）以学生为本

高校以学生为本的原因主要包括以下四个方面。

首先，学生是高校存在的客观依据，是学校的生存之本。高校作为教育机构，其存在的目的就是为学生提供教育服务，培养人才。因此，学生的存在和需求是高校存在的基础，高校需要根据学生的特点和需求来进行教学和管理，以实现教育目标。

其次，高等教育具有交易性，要求高校以学生为本，提供优质服务来满足学生的教育需求。学生在选择高校时会考虑教学质量、教师水平、学习环境等因素，他们希望得到良好的教育资源和学习体验。因此，高校需要关注学生的需求，提供优质的教学和服务，以吸引和满足学生的期望。

再次，以学生为本是高校的基本使命和教师的首要职责。高等学校的根本使命是培养人才，而学生是高校培养的对象和主体。教师作为教学的主导者，应该关注学生的学习和发展，提供有效的教学和指导。通过关注学生需求和发展，教师可以更好地履行自己的职责，培养具有综合素质和创新能力的优秀人才。

最后，以学生为本是法律规定的义务。《中华人民共和国高等教育法》明确规定了高校应“以培养人才为中心”，为学生提供优质的教育和服务。法律的要求使高校在教学管理中必须关注学生需求，确保学生的权益得到保障，提高教学质量和学生满意度。在以学生为本的理念下，高校应致力于提高人才培养质量和学生的综合素质，以推动高校发展。为了实现这一目标，高校需要关注学生的学习成效和对高校的认同感，建立良好的师生关系。良好的师生关系能够提高学生的学习积极性，增强学生与高校的归属感和认同感。

（二）以教师为本

《中华人民共和国高等教育法》规定“高等学校应当以培养人才为中心，开展教学、科学研究和社会服务”，这些任务都必须由教师来履行。因此，高等教育管理必须以教师为本。教师不仅是高校教学任务的主要实施者，还是高校内部教学和科研质量的保障和提高者。教师的专业素质和教学水平对学生的学习效果和学校的教学质量具有决定性的作用。教师还是高校学科建设和学术研究的重要推动力量，只有教师发挥了应有的作用，高校才能更好地实现使命和目标。

激发教师的积极性是确保学生获得卓越教育服务的关键，让学生满意是高校生存和发展的基石，也是高校应当秉持的宗旨。学生满意度的提高主要依赖教师的教育与教学质量。依据组织行为学中关于“满意员工使组织效率更高”以及“快乐员工带来愉悦顾客”的研究成果，高校要实施以人为本的满意度管理，调动教师的积极性，使其热衷并全身心投入人才培养工作，从而提高学生对高校的满意度。

高校需要平衡以学生为本和以教师为本的关系，以实现教育现代化和人才培养的目标。学生是高校教育的中心，因此高校应该始终坚守以学生为本的原则，并构建新型师生关系。这种关系应该是平等的，高校应以学生的需求为出发点，为学生提供个性化、多元化的教育教学服务；高校也应该尊重教师的专业发展和生活需求，为他们提供必要的教育培训和职业支持，激励他们勇担教育育人的崇高使命，推动教育教学工作不断向前发展。教师是高校育人的中坚力量，他们应该自爱、自尊、自重、自律，以学为人师、以行为楷模、以人为标杆。教师应该树立崇高的职业操守和道德风范，引导学生在成长过程中，不仅掌握专业知识和技能，还树立正确的价值观和良好的品德。高校的教育教学工作只有以学生为本和以教师为本相结合，才能取得优异成果，并不断推动教育教学改革向前发展。

三、以人为本高等教育管理改革的策略

（一）贯彻以教师发展为本的理念

1. 尊重与信任教师，推动教师专业化成长

（1）确立教师主导地位。教师是学校的中坚力量，他们的知识、文

化素养和职业道德决定了学校教育教学的质量。在高等教育管理中，尊重教师的地位和权利至关重要。高校管理者应该认识到教师在高等教育管理中的主导作用，重视他们的贡献和优势，保障他们应有的权利。对教师的尊重和信任不仅能够激发他们的主人翁精神和工作动力，还可以提高他们的工作满意度和创造性。

（2）提升教师业务水平。教师是学校中最重要的资源之一，而教师的发展不仅有助于提高学生的素质，还是学校进步的基础和保障。因此，学校应该为教师的全面发展创造条件，提高教师的专业素养，激发他们的主人翁精神和工作动力，鼓励教师进行探索和创新，引导教师树立终身学习、全员学习、全过程学习和团队学习的观念，实施教师科研发展战略，引导每位教师投身于研究工作，使他们成为教育科研的主力军。通过开展科研工作，教师不仅能够提高自身的研究水平和能力，还能够将科研成果应用于实际教学中，提高教学质量。教师的全面发展能够为学校的长远发展注入新的活力。

2. 树立四个管理理念，推动教师全面成长

（1）树立情感管理理念，为教师打造良好工作环境。在高等教育管理中，调动和激发教师、学生的积极性是关键任务之一，需要消除各种消极情绪的影响。因此，高校管理者应关注教师和学生的情感与体验等。高校应努力营造和谐、融洽的校园环境，最大限度地减少误解和冲突，让师生能在轻松、愉快和舒适的氛围中工作、学习、生活。

随着社会的发展和竞争的加剧，教师和学生面临越来越多的压力，如学历晋升、职称评定、选课自主性、超负荷工作和就业难题等。这些压力可能导致教师和学生的身心健康出现问题，影响他们的生活质量和学业成绩。因此，高校管理者应该更加重视师生的身心健康，关注他们的情感和心理状态，为他们打造一个良好的心理环境和生活空间，提高他们的适应能力和抗压能力。

（2）树立制度管理理念，促使教师养成良好习惯。制度化的高等教育管理有助于保障教学质量、规范学校管理和促进教育教学的改善。通过制度化，学校能够明确教师和学生的权责，规范管理流程，提高教学效率。制度化还可以减少主观随意性和不确定性，提供公正公平的评价标准和决策程序。

在执行制度时，首先要公平公正，明确奖惩标准；其次要以道德为引导，关注情感因素，兼顾理性和情感，不过分依赖制度来压迫人。所有具体工作的管理都应充满人情关怀，让规章制度在实施过程中逐渐具有教育作用，得到师生的认同，最终成为他们自然而然的习惯，内化为自觉观念、良好品行和个性。

（3）树立民主管理理念，充分发挥教师责任感。以人为本的高等教育管理模式强调的是将人的主体性和积极性放在高等教育管理的重要地位，通过激发师生的主人翁意识，让他们积极地参与高等教育管理过程。这种管理模式下，高校管理者需要充分发挥民主途径的作用，倾听教师和学生的意见和建议，使每个人都有机会参与高等教育管理，从而形成教师和学生共同管理、共同发展的局面。

在这个过程中，高校管理者应该创造良好的管理环境，让教师和学生能够自主地参与决策、制订计划、实施监控和实现目标，从而逐步形成自主管理的态势。教师和学生在参与高等教育管理过程中，应该具备全面的知识和技能，以及创新思维和协作精神，通过各种方式和途径，共同探讨高等教育管理中的问题和瓶颈，提出解决方案和建议，最终实现高校的发展目标。

以人为本的高等教育管理模式的实现需要高校管理者和教师、学生共同努力。高校管理者要树立民主管理的理念，鼓励教师和学生的参与和创新，建立健全管理制度和管理机制，营造良好的管理氛围。教师和学生要充分发挥自身的主体性和积极性，勇于表达自己的意见和建议，参与高等教育管理过程，为高校的发展贡献自己的力量。

（4）树立成功管理理念，满足教师自我实现的需要。每个人都渴望成功，尤其是充满创造力的教师。学校应构建多样化的平台，让教师在成就中实现自我价值。高校管理者既要协助教师明确发展目标，给予他们挑战与动力，又要为教师的成功创造有利条件，鼓舞他们不断进步。可设立各种奖励机制，对教师的优异表现予以认可和奖赏，使他们体验到成功的喜悦，满足自我实现的需求。

（二）树立以学生发展为本的理念

以学生发展为本是将以人为本的理念具体应用于高等教育管理中，强调在管理学生时尊重他们的个体性，维护每位学生的自尊，协助他们充分发掘潜力、塑造个性并实现自我价值，从而推动学生全面进步。

1.尊重学生身心发展基本规律以及需要

教育的最终目标是培养健康全面的人才，因此在教学和管理工作中，必须以学生为中心，关注学生的身心发展和需求，为学生创造良好的学习和生活环境。第一，教育工作者要尊重学生的成长规律和个性，根据学生的接受能力、智力结构和知识水平等因素制订人才培养方案，以适应学生的特点和需求。第二，在教学过程中，要充分体现“教师为主导、学生为中心”的理念，教育工作者采用适当的教学方法和方式，激发学生的学习兴趣和动力，使学生全面发展。第三，教育工作者要关注学生的品德和心理健康问题，及时提供帮助和支持，帮助学生解决问题，促进其身心健康和全面发展。第四，在教育基础设施建设方面，要考虑学生的身心发展和需求，为学生提供舒适、安全、健康的学习环境。第五，细节方面的服务也非常重要，如提供各种手册、日历、课程表等工具，邀请家长参加毕业典礼，这些服务不仅可以提高学生的学习积极性和自信心，还可以增加学校的凝聚力，提高家长和学生对学校的认可度。总之，以学生为中心的高等教育管理是一项长期的工作，需要教育工作者不断地改进和完善，以提高学生的学习成效和身心健康水平，为学生的未来发展打下坚实的基础。

2. 尊重学生自主选择的权利

教育工作者应该尊重学生的自主选择和兴趣爱好，让他们在学习过程中发挥自己的主体性和创造性，以便更好地实现自我价值。为了做到这一点，高校应该创造一个积极、开放、民主和创新的教育环境，让学生在其中自由地思考、选择和决策。这需要高校管理者为学生提供丰富的信息和资源，如课程设置和选修课程的灵活性、教师的选择和教学方式的多样性、实践和实习机会的多样性等。在这个过程中，高校应该倾听学生的意见和建议，并为他们提供良好的咨询和指导服务，以帮助他们做出最好的选择。高校也应该鼓励学生积极参与各种课外活动和社会实践，以便培养他们的综合素质和实践能力。

当然，为了保证教学质量和学生的成长，高校也需要对学生的选择进行适当的引导和监督。例如，高校可以在课程设置和教学计划上给出一些方向性的建议，帮助学生更好地理解不同专业和课程的特点和要求；高校还可以通过各种方式，如开展讲座、辅导、职业规划等活动，向学生传达相关信息和知识，帮助他们更好地做出选择。学生的自主选择和兴趣爱好应该始终是高等教育管理的重要考虑因素，教育工作者应该充分尊重学生的意愿，激发他们的学习动力和热情，让他们成为自己学习和成长的主人公。

3. 尊重学生发展的个性差异

高等教育管理的核心在于以学生为中心，而尊重学生的差异性则是以学生为中心的必要条件。尊重学生的差异性可以提高教学的有效性，让每个学生都能得到充分的发展和关注，进而实现素质教育的目标。教师应该通过多种途径，如考试、调查问卷、家庭访问等方式了解每个学生的特点、才智和学习需求，把握每个学生的起点和潜能，制订个性化的教学计划，帮助每个学生在最佳的发展区间内展开学习。在教学过程中，教师应该关注每个学生的生理和心理差异，关注他们的兴趣爱好和特长，采用多元化、灵活性的教学方式，实现全面发展和个性发展的平衡；教师应该承认学生发展的独特性，了解每个学生在智力、语言、人际关系、动手能力等方面的特长和发展需求，鼓励学生在自己的领域中积极发挥，树立自信心，形成自己的独特性；教师应该关注学生的情感需求，了解学生的兴趣爱好和心理健康状况，引导学生形成积极向上的生活态度和学习习惯，提高他们的心理素质和自我管理能力；教师要平衡全面发展与个性发展、统一性与灵活性、共性与个性化的三个关系，实现教学的有效性和适应性；教师应该采用分层教学和个性化辅导的方式，满足不同学生的学习需求，提高教学的针对性和有效性，促进每个学生的全面发展和个性化发展，实现素质教育的目标。

4.重视学生的全面发展

学校除了要传授知识，更应当推动学生的全面发展。因此，学校应成为学生探寻潜能、获取帮助的最佳场所，在制订教学计划、设定课程、管理教学过程、实施教学建设和评估教学质量等方面，应关注学生全面发展的需求与促进，如在教学评估上，除了关注学生成绩，还要关心学生各方面的潜能，洞察学生在成长中的需求，协助学生正确认识自我并树立自信。

5.开通学生参与高等教育管理的渠道

学生是学校的重要组成部分，他们的参与和建议对于高等教育管理和教学改革都有着重要的意义。因此，学校应该积极鼓励学生的主人翁精神和主体意识，并且为他们提供参与高等教育管理的途径和平台。其中，设立“校长信箱”和“教务处长信箱”是一种常见的方式，通过这些信箱，学生可以向学校提出自己的建议和意见。这种方式不仅可以促进学生与学校的沟通，还能够提高学生参与高等教育管理的积极性。

在实施这种方式时，学校应该定期安排时间阅读学生的来信，并且根据学生的提议采取相应的行动，对于无法解决的问题，也应该向学生解释原因，增强学生对于学校管理的理解和认同。此外，学校有关负责人也应该定期会见提出合理建议和意见的学生，听取他们的意见和建议，更好地了解学生的需求和期望。

6.使每一位学生感受成功

学生的成功体验不仅对他们的学习动力和情感体验有着积极的影响，还对学生的人格培养有着重要的意义。然而，传统的教学模式往往忽视学生的个体差异和情感体验，将教学过程视为一种单向的知识输送，很难激发学生的学习热情和主动性。以人为本的高等教育管理模式应该注重发挥学生的主动性，让他们积极参与教学过程，并获得成功的体验。为了实现这一目标，学校应该根据学生的差异，采用多样化的教学方式，让不同层次的学生都能感受到成功。

（三）打造以人为本的学校文化

文化管理是人本管理的顶级阶段，代表管理的最高境界。学校文化包括长期办学过程中各方共同的目标、价值观和行为规范等，融合了管理文化、教育文化和组织文化。优秀的学校文化会对教职员工和学生的成长产生潜移默化的作用。

高等教育管理中，文化管理已经逐渐成为一种更加注重价值观、理念和道德力量，强调内在自觉和自律的管理方式。这种管理方式不是单纯的硬性管理，而是通过建立独具特色、积极健康的学校文化，影响师生的行为，最终满足个性需求，激发师生的智慧和积极性。建立独具特色、积极健康的学校文化是高等教育管理中的重要任务。这种文化应该由内到外、由深层到表层地形成，包括学校精神文化、学校制度文化、学校行为文化和学校物质文化四个方面。学校文化的建设可以通过多种途径来实现，如学校活动的组织、文化环境的塑造、行为规范的制定等。此外，学校文化的建设需要全体师生员工的共同努力和参与。

1.学校精神文化

学校精神文化是学校长期教育实践过程中形成的精神成果和文化观念，是学校整体精神面貌的集中表现，学校精神文化主要包括学校价值观、学校精神和学校形象三个方面。其中，学校价值观是学校师生员工在教育实践中所推崇的基本信念和奉行的目标，是学校师生员工判断事物的标准，是学校生存和发展的精神支撑力量，具有导向和规范行为的作用。因此，应该发动全体师生员工参与讨论，以集思广益的方式定义学校的整体、群体和个体价值观，这样可以提升全校师生员工对学校价值观的认同感，并协调学校整体、群体和个体价值观之间的关系，达到和谐状态。同时，学校应按照学校价值观启发和引导师生员工的言行；师生员工则要根据学校价值观反省自身，规范行为，形成教育合力，提高教育教学效率。

学校精神和学校形象是学校精神文化的重要组成部分。学校精神代表了学校的精神追求，是学校文化的灵魂，是学校价值观念的集中体现。学校精神的构建需要全体教职员工共同参与，形成具有凝聚力和感召力的文化符号和精神纽带，能够引导学生、教师和员工自觉遵循学校的价值导向和行为规范，促进学生全面发展和成长，增强学校的向心力和凝聚力。良好的学校形象能够为学校赢得社会认同和广泛支持，为吸引优秀师生和资源提供有力支撑。学校形象的塑造需要注重校风和校貌的共同作用。校风是指学校的文化氛围，需要通过学校管理的各个环节去营造，从校长到学生都要时刻注重自己的言行举止，做到以身作则；而校貌则是学校外在形象的体现，需要重视学校办学环境的营造和维护，注重学校标志、行为规范等方面的细节管理，从而形成具有较高美誉度的学校形象。

2. 学校制度文化

学校制度文化是学校文化管理的重要组成部分，对于学校发展与师生员工的稳定和成长至关重要。一个合理的组织结构和管理制度是学校内部运转的基础。建立和完善职责分工、权责对应的管理制度可以有效地提高学校的高等教育管理水平，保证各项工作的顺利推进，避免决策失误和工作矛盾的发生。同时，建立合理的管理层级、协调机制和控制手段，可以使学校内部各成员之间的关系更加紧密、协作更加高效，进而提升整个学校的绩效和形象。

建立和实施学校管理制度时，应该注重制度的普遍性和适应性，应该考虑到实际情况和师生员工的需求，也应该体现学校的发展目标和精神文化。制度的内容应该明确规定各方面的责任和义务，突出学校发展的价值取向和标准要求，充分体现学校的特色和定位。此外，为了提高学校管理制度的执行效果，应该充分调动师生员工的积极性，让他们认识到规章制度对于学校管理的重要性，使规章制度的影响深入师生员工的心理层面并发挥作用，建立一种共同的文化价值观念。

3. 学校行为文化

学校行为文化是学校精神文化的动态体现，是学校师生员工在长期的教育实践过程中形成的一种活动文化。良好的学校行为文化对于学校教学管理改革的影响是十分重要的。学校应该通过多种行为文化促进学校发展，建设同心协力的文化是其中的重要方面，学校应该倡导相互协作，发挥团队精神，鼓励教师和管理人员尝试新思想和技巧，充分信任教师，帮助教师树立自信心，适时提供资源和支持，使他们不断追求卓越；学校应该建立高期望和信任的文化，为师生员工提供明确的支持和反馈，并赞赏和鼓励师生员工的良好表现；学校应该关心师生员工，定期举办庆祝活动，营造和谐的氛围。

在行为文化的塑造过程中，学校应该注重行为文化的落地和实施。

学校可以通过建立有效的激励机制来促进教师和学生良好行为习惯的形成和实施；应该加强监督和反馈机制，及时纠正不良行为，维护学校的良好形象；应该加强与社会的沟通和互动，借助社会的力量推动学校行为文化的建设；应该注重文化建设的长期性和系统性，坚持以学生为中心的教育理念，持续加强学校文化建设，为学生的全面发展和社会的长期繁荣做出贡献。

4. 学校物质文化

学校物质文化与学校的教学、科研和管理等各个方面息息相关，包括环境文化和设施文化。

学校环境对于师生员工的工作和学习起着至关重要的作用。一个舒适、优雅、清新的校园环境可以提高师生员工的工作积极性和学习热情，促进师生员工的身心健康。因此，学校应该重视校园环境的建设和管理，合理规划校园的绿化和建筑布局，打造一个温馨、美丽、充满活力的校园环境。

学校设施是学校文化建设的重要组成部分，直接关系到师生员工的学习、教学和科研效果。图书馆是学校文化设施中不可或缺的一部分，它应该提供丰富的精神食粮和先进的学习设备，为师生员工提供学术支持和知识服务。校园网络建设是信息化时代学校教学、科研和管理的必要手段，良好的校园网络可以为师生员工提供便捷的学习和交流平台，让学校更好地适应信息化时代的发展要求。

第三节　素质教育思想下的现代高等教育管理

一、素质教育理念的内涵

不同的时代对人才素质有着不同的要求，因此探讨素质教育，必须充分倾听时代的呼声，贯彻时代的精神。《中共中央 国务院关于深化教育改革全面推进素质教育的决定》指出，实施素质教育就是全面贯彻党的教育方针，以提高国民素质为根本宗旨，以培养学生的创新精神和实践能力为重点，打造“有理想、有道德、有文化、有纪律”的德智体美等全面发展的社会主义建设者和接班人；全面推进素质教育要面向全体学生，为学生的全面发展创造相应的条件，依法保障适龄儿童和青少年学习的基本权利，尊重学生身心发展特点和教育规律。笔者认为，素质教育的核心目标在于提高国民素质，培养全体学生的实践和创新能力是实现这一目标的关键。

二、实施素质教育对高等教育管理提出的要求

（一）对高等教育管理模式提出的要求

高等教育管理是高校工作中至关重要的环节，直接关系到人才培养的质量和效益。随着社会的发展和高等教育改革的推进，建立新的高等教育管理模式，以实施素质教育为主线是十分必要的。首先，新的高等教育管理模式应该充分体现素质教育的理念，突出人才培养的重要性。在新模式下，应该加强对学生综合素质的培养，重视思想道德素质、文化素质、身体素质和心理素质等方面的发展。在具体实施中，可以加强课程设置、教育教学改革和评价机制的建设，引入创新教育和实践教育等新模式，培养学生的创新能力、实践能力和社会责任感，促进学生全面发展。其次，新的高等教育管理模式需要注重教学管理的改革，充分发挥广大教师和学生的积极性和主动性，让他们更加有效地参与教学管理。在新模式下，应该注重教师队伍建设，加强对教师的培训和评价，提高他们的教学水平和管理能力，鼓励他们创新教育教学方式和方法，为学生的全面发展提供更好的保障。同时，应该引导学生主动参与教学管理，让他们成为教学管理的主体，充分发挥学生的主动性和创造性，

形成校园文化建设的良性互动。最后，新的高等教育管理模式应该强调高等教育管理的多样性、灵活性、有效性和目的性。在制度设计过程中，应该充分考虑学校的具体情况和内外部环境的变化，根据实际情况建立相应的管理制度，采取相应措施，注重制度的科学性、规范性和可操作性，确保管理制度的有效性和可持续性。

（二）对高等教育管理人员素质提出的要求

提高高等教育管理队伍的素质是实现高等教育管理现代化的关键。高等教育管理人员素质的提高对推动高等教育管理从经验管理向科学管理的转变至关重要。随着素质教育的不断推进，高等教育管理人员需要具备更高的素质，能够实现有思想的管理、有目标的管理、有深度的管理、充满改革精神的管理。首先，提高高等教育管理人员的教育理论素质是必不可少的，高等教育管理人员需要具备扎实的教育理论知识，熟悉教育规律，掌握现代管理理论和方法，分析教与学的规律。为此，可以通过组织专业培训、学习先进的教育理论和管理经验等方式，不断提高高等教育管理人员的教育理论素质。其次，高等教育管理人员需要具备创新精神、开拓能力以及服务意识。在新时期，高等教育管理工作面临着新的问题和挑战，需要高等教育管理人员具备创新精神和开拓能力，能够及时研究新问题，结合实际情况，提出解决方案。同时，高等教育管理人员需要具备服务意识，深入了解师生需求，为师生提供更好的教育服务。建立相应的培训机制也是非常重要的，高等教育管理人员应该不断学习，以增强解决问题的能力，并善于运用现代化的管理工具。可以通过定期开展高等教育管理人员的培训，组织高等教育管理人员参加学术会议和交流活动等方式，提高高等教育管理人员的素质和能力，推动教学管理的现代化进程。

（三）对高等教育管理的方法与手段提出的要求

随着信息技术的迅猛发展，计算机和网络深刻地改变了教育行业，高等教育管理也不例外。教务管理部门应该积极适应信息技术的发展趋势，利用计算机和网络技术实现高等教育管理的现代化。这不仅可以提高管理效率和水平，还能够深化教学改革，推进素质教育的发展。首先，计算机和网络技术的应用可以实现高等教育管理工作的自动化和智能化。例如，教务管理软件可以将学生的选课信息、课程安排、教学资源等信息集中管理，方便教务管理人员进行查询、分析和统计。利用数据分析技术可以更加准确地掌握学生的选课情况和成绩分布，从而为高等教育管理提供更加科学的支持。其次，计算机和网络技术的应用也可以实现高等教育管理工作的可视化和透明化。例如，学生可以通过网络平台查询自己的学习进度和成绩情况，教师可以通过网络平台发布课程信息和教学资源，教务管理人员可以通过网络平台查看各项数据指标和管理情况。这样可以避免信息的不对称和管理的不透明，建立公平、公正的教学环境，也可以提高师生参与高等教育管理的积极性和主动性。最后，计算机和网络技术的应用可以实现高等教育管理工作的协同和共享。例如，教师可以通过网络平台与其他教师进行教学经验和资源的共享和交流，教务管理人员可以通过网络平台与学生和教师进行沟通和互动，共同推动高等教育管理工作的发展。这样可以打破传统管理的壁垒和孤岛，实现资源的共享和协同，提高高等教育管理的效率和水平。

（四）对高等教育管理评价体系提出的要求

教学评价在素质教育中扮演着重要的角色。要实现素质教育的目标，需要建立科学、民主、多样化、公正、有针对性的教学评价体系。教学评价应该更加关注学生的综合素质和个性发展，培养学生的竞争意识，鼓励学生发展自己的个性；也要尊重教师的教学权，鼓励教师在教学实践中进行创新活动，推动教师个人的教学风格的形成。评价的主要目的是促进教师的教学成长，激发学生的创造力和积极性，而非监控教师的教学活动。同时，评价指标应该具有可操作性、可比性和可靠性，结果应该及时反馈给教师和学生，帮助他们了解自己的优势和不足。教师需要建立科学的教学评价体系，优化评价内容，确保操作环节的严格性和公正性。评价实施时可引入校外评估，扩大评估参与的广泛性，通过评估来引导高等教育管理工作和教师教学工作的改进方向，并激发教师的积极性。

三、素质教育下高等教育管理的特点

（一）高等教育管理的人本化管理更加突出

人是高等教育管理的本质因素，素质教育的根本宗旨是提高国民素质。因此，高等教育管理制度改革和建设应该以教师和学生的需求为导向，以学生的发展为目标和根本。在这个基础上，高等教育管理应该以人为本，为教师和学生提供全面发展的机会，注重教育改革和创新，不断推陈出新，开展多种形式的教育创新实践，提高人才培养质量。在实现素质教育的过程中，学校应该创造良好的教育环境，为学生发展保驾护航；教师应该以学生为中心，采用多元化的教学方式和评价方法，激发学生的创新精神和创造性思维，提高学生的学习兴趣和积极性，鼓励学生主动探索知识，促进学生全面发展。

（二）高等教育管理的开放性更强

在素质教育背景下，高等教育管理注重发挥学生的主体作用，为学生提供更多的自主选择权，从而激发学生的创造性思维和创新潜力，提高学生的综合素质和人文素养。例如，学分制的推行使学生可以跨校选课，攻读辅修专业、第二专业或双学位，从而扩大了学生的学习领域和发展空间；高等教育管理注重师生互动、合作与创新，鼓励教师和学生之间的交流与合作，营造积极的学术氛围和教育氛围，通过这样的方式，学生的思维能力和创新能力可以得到更好培养和发挥；高等教育管理注重学生的自主学习和发展，强调学生在教育过程中的主体地位，通过开放性和灵活性的管理机制，为学生提供了更广阔的学习空间和发展机会，激发了学生的上进心和创造性，培养了学生的综合素质。

（三）高等教育管理的学术性管理职能更加明显

随着社会的不断发展和进步，人们对于教育的要求也不断提高，对于高校来说，高等教育管理的重要性也日益凸显。如何加强高等教育管理，更好地推进素质教育和教育创新，提高高校的教育教学质量，这是每一个高等教育工作者都必须面对的重要问题。在当前的背景下，素质教育和创新教育已成为教育教学改革的主要方向。学术管理的职能贯穿高校的教学、学科建设、科研和师资管理等工作，如专业设置、课程的建设、申请学位的研究、科研成果评价和奖励政策的制定、学术梯队的组织等。因此，高等教育管理的学术管理职能也变得越来越重要。学术管理应当保证教师的学术活动得到充分有效的发展，以便充分发挥他们的智慧，推陈出新，发展新学科，构成新观念，形成新事物。

（四）高等教育管理的服务意识更强

高等教育管理在高等教育中的作用不容忽视，它是管理，更是服务。高等教育管理工作者所做的一切工作都是为了服务教师和学生，确保他们能够在最好的环境下教学和学习。随着素质教育的不断推进，高等教育管理的服务意识也越来越重要。在这个过程中，高等教育管理工作者需要不断强化高等教育管理制度，提高服务质量，满足教师和学生的需要和要求，帮助他们更好地投入教学和学习中。在服务方面，高等教育管理的主要任务是为教师和学生提供优质的服务，这包括帮助教师提高教学水平，提供适宜的教学环境和资源，以及满足学生的需求。为了实现这一目标，学校可以建立各种服务性功能中心，如注册中心、考试中心、学务指导中心、教学信息中心、教学评价与教师培训中心、实践教学中心等。这些中心可以为教师和学生提供各种服务，如帮助教师制订教学计划、协调教学资源，为学生提供考试信息、就业指导。高等教育管理的服务还包括了解教师和学生的需求和要求，在这个过程中，高等教育工作者需要为他们提供充分的倾听和沟通机会，了解他们对高等教育管理的看法和期望。在这个基础上，学校可以根据教师和学生的需求和要求，采取相关措施，为他们提供更加全面、便捷和满意的服务。

（五）高等教育管理更加柔性化

柔性化管理是一种以激励、感召、启发、诱导等方式进行管理的方法，它以人为本，侧重于发挥人的主观能动性和创造力，使组织和员工之间产生良好的互动和合作关系。在高等教育管理中，柔性化管理可以体现出学校对教师和学生的关注和关心，充分发挥他们的潜能和能力，提高高等教育管理的效率和质量，实现素质教育的目标。

对于教师管理而言，柔性化管理充分尊重教师的价值和劳动，激励教师发挥自己的聪明才智，有助于他们充分发挥主观能动性和创造力。学校可以通过开展教师培训、教学研讨和学术交流等活动，提高教师的专业素养和创新意识，让教师在教学和科研中得到更好的发展和成长；学校也可以通过实行差别化的激励机制，让优秀的教师得到更好的回报，激发教师的积极性和创造力。

对于学生管理而言，柔性化管理要充分关注学生的个性化和多样化，注重培养学生的能力和兴趣，让学生得到更好的发展和成长。学校可以通过制订柔性化的教学计划，让学生有更多的选择机会，能够根据自己的兴趣和爱好选择专业和课程；学校也可以通过实行多元化的评价制度，充分考虑学生的个性化和多样化，让每个学生都得到充分的发展和认可。

在实践中，要确保柔性化管理得到充分的贯彻和落实。首先，学校应建立相应的管理制度和规章制度，明确柔性化管理的要求和实施方法。其次，学校应开展培训和交流活动，提高教师和学生的柔性化管理意识和能力。最后，学校应加强监督和评估，确保柔性化管理得到有效推进。

第六章　现代高等教育教学的创新

教育教学是高校中最基本的，且最能体现出一所高校精神所在的重要内容，是高校在寻求发展中的重要任务。教育教学的创新思路是高校发展的基石，所以应对高等教育教学的创新思路进行深入探索。

第一节　高等教育教学的质量观

高等教育教学的质量观是衡量高校教育实践的重要指标。结合当前高校实际教育情况，可以从以下几个方面探讨高等教育教学的质量观。

一、注重实践教学

高校应该注重实践教学，将理论知识与实践相结合，以提高学生的实际操作能力、实践能力和创新能力。实践教学是一种非常有效的教学方法，通过实践，学生可以更好地理解和掌握所学的理论知识，并在实践中发现和解决问题。同时，实践教学可以帮助学生更好地认识自己，了解自己的兴趣和优势，为以后的职业规划提供更多的帮助。

在教学中，高校应该重视实验、实习、实践等环节。实验是一种非常重要的实践教学方式，可以帮助学生更深入地了解和掌握理论知识，并锻炼学生的实际操作能力和创新能力。实习是一种将理论知识应用到实际工作中的实践教学方式，可以让学生更好地了解行业和市场需求，更好地适应社会和就业市场的变化。实践这种教学方式可以让学生更深入地了解和掌握理论知识，并在实践中发现和解决问题，培养实际操作能力和创新能力。除了在校内开展实践教学，高校还应积极开展产学研合作，与企业、科研机构建立紧密联系，为学生提供更多实践机会和实际工程项目。产学研合作可以促进学术界和产业界之间的交流与合作，为科学研究和创新提供更多的资源和支持。

二、激发学生的学习兴趣

激发学生的学习兴趣是提高教育教学质量的关键因素之一，在教学过程中，教师应该尝试使用生动、有趣的教学方法，创设轻松愉快的学习氛围，以吸引学生的注意力和激发学生的学习兴趣，帮助学生更好地理解和掌握所学的知识。

启发式教学是一种非常有效的教学方法，强调通过探索、发现和实验等方式，让学生自主地发现问题和解决问题。这种教学方法可以培养学生的探究精神和创新能力，提高学生的自主学习能力。

讨论式教学是一种让学生参与教学过程的教学方法。在讨论式教学中，教师可以引导学生就一个话题展开讨论，让学生提出问题、分享观点，从而激发学生的思考和探究兴趣。这种教学方法可以培养学生的交流能力和团队合作能力，提高学生的自信心和自主学习能力。

案例教学是一种让学生通过具体案例来学习知识的教学方法。在案例教学中，教师可以选取生活中的实际案例，让学生通过分析和讨论来深入理解问题和解决问题。这种教学方法可以培养学生的实践能力和创新能力，提高学生的自主学习能力和解决问题的能力。

三、重视师德师风

教师是教育质量的关键因素，良好的师德可以为学生树立榜样，引领学生走向正确的道路。因此，高校应加强师德师风建设，提高教师的教育教学水平，以提高教育教学质量。首先，高校应定期开展教师教育教学能力培训，提高教师的教育教学水平。教育教学是一项复杂的工作，需要教师具备专业的知识和技能，掌握先进的教育教学理论和方法。因此，高校应该为教师提供相关的培训课程，使教师能够掌握最新的教育教学理论和方法，提高教学效果。其次，高校应该加强师德师风培训和教育，使教师树立正确的师德观念。教师是学生的榜样和引路人，应该具备高尚的道德品质和职业道德。高校应该对教师的师德进行培训和教育，加强教师的职业道德建设，强化教师的职业责任感和使命感，确保教师的行为符合职业道德规范，为学生树立正确的道德观念。最后，高校应该加强对教师的监督和管理，确保教师遵守职业道德和教育教学规范。高校应该建立完善的教师管理制度，加强对教师的考核和评估，对不符合职业道德和教育教学规范的教师进行惩处和纠正，保证教育教学质量和学生的权益。

四、关注学生发展

高校是学术研究的地方，更是学生成长发展的重要场所。高校应该关注学生的成长与发展，提供多元化的学术、职业和心理辅导，帮助学生解决学习、生活和心理上的问题，营造有利于学生全面成长的环境。首先，高校应该提供多元化的学术辅导，帮助学生更好地掌握学术知识和方法。学术辅导可以包括课程辅导、学术论文写作指导、学术讲座等多种形式，以提高学生的学习成绩和学术能力。其次，高校应该提供多元化的职业辅导，帮助学生更好地规划未来的职业发展。职业辅导可以包括职业规划、职业咨询、实习指导等多种形式，以帮助学生了解自己的职业兴趣和优势，为未来的职业发展做好规划。最后，高校应该提供心理辅导，帮助学生解决心理问题，营造有利于学生成长的环境。心理辅导可以包括心理咨询、心理疏导、心理健康教育等多种形式，以帮助学生解决心理问题，提高学生的心理健康水平。

第二节　高等教育教学创新的基本思路

一、确立实践教育教学理念

实践教育教学理念的确立标志着对传统教育教学方式的一次革新。传统教育往往以传授知识为主，强调理论的学习；而实践教育则强调将理论与实际应用相结合，培养学生的实践能力、创新精神和社会适应能力，使他们能够更好地应对未来社会的挑战。实践教育教学理念的核心在于将自然科学教育和人文科学教育相统一，传统教育往往将自然科学和人文科学分割开来，学生只在特定的学科领域进行学习，这导致他们对不同学科之间的关联性和综合性认识不足。实践教育则通过跨学科的教学设计，将不同学科的知识有机地结合起来，让学生能够更加深入地理解和应用所学知识，培养他们的综合素质和跨学科思维能力。传统教育往往只注重知识的传授，而实践教育则强调学生的主动参与和实践体验。通过实践活动，学生能够将所学的理论知识应用到实际问题的解决中，他们的问题解决能力、创新思维和实际操作能力就得到了提高。实践教育可以通过实验实践、实地考察、社会实践、创新创业等形式进行，让学生在实践中不断成长和发展。同时，高校应该积极创建激励机制，为学生开展创新创业活动提供支持和保障，推动实践教育的全面发展。

二、形成办学特色

第一，创新教育教学，培育办学特色。高校应该建立自己的教育理念，引导教师和学生走向创新，并在教育教学中加强独特的课程设计、教学方法和教学评价体系。这样的创新能够促进教育思想的变革，引领学校办学理念的实践。

第二，强化学科特色，形成办学特色。高校应该加强学科建设，发挥学科特色的优势和价值，推动学科交叉、融合和创新，培养具有学科背景和综合素质的高层次人才，促进学术研究和科技创新，这决定着学校的办学水平和影响力。

第三，发扬大学精神，升华办学特色。高校应该重视文化建设，发挥大学精神的表率作用，培养高尚的思想品质和人文素养，以人为本，建立和谐、包容、自由的校园文化，使学校成为学生追求真理、追求卓越的精神家园。

三、正确把握教学管理

（一）教学管理的要点

1.提高教学管理人员的管理水平

教学管理人员在高等教育教学中扮演着重要的角色，不仅是管理者，还是组织者、协调者和指导者。其应该具有扎实的理论知识和丰富的实践经验，具备高度的责任感和职业道德，能够熟练处理各类教学管理工作。教学管理人员在执行上级部门工作部署的同时，需要与一线教师和学生进行沟通，了解教学实际情况，及时解决教学管理中出现的问题，确保教学工作的正常运行。

2.处理好教学管理与教学质量的关系

教学管理是高校对各方面的教学工作进行有序调节的重要工作，教学管理的核心问题在于提高教学质量。首先，制订高质量的教学计划是提高教学质量的基础，要考虑学科的特点、学生的兴趣和需要，尽可能做到科学合理。其次，教学管理人员要根据教学计划，确定具体的教学任务，确保教学进度的顺利推进。针对不同的专业和学科，教学管理人员要制订不同的人才培养方案，使学生具备所需的知识、技能和素质，适应社会对人才的需求。最后，教学跟踪监测也是教学管理工作的重要方面，要全面、准确地了解教师的教学情况和学生的学习情况，及时发现问题，及时进行调整和改进，确保教学质量的稳步提升；还需要收集和分析学生的评价和反馈信息，以及评价结果，以及时进行教学计划的调整和更新，不断完善教学管理工作。教学管理工作要始终围绕提高教学质量这一工作来开展，教学管理人员要处理好教学管理与教学质量的关系，注重教学管理的实效性，切实提高教学质量，为高校的教育教学事业的发展做出积极的贡献。

3. 注重教学管理与教学研究的关系

教育教学研究是提高教学管理水平的关键，只有深入研究教学过程，才能更好地规范和完善教学管理。教育教学研究应该聚焦于实际问题，从教育教学的基础理论出发，深入探讨教学改革的核心问题，积极探索创新教育教学的有效方法，进而制订可行的教学计划。高校教育教学研究是一个创新的过程，通过研究可以发现新的问题和新的解决办法，有利于教学改革的深入进行，也能够吸引更多的人才参与教育教学事业。因此，高校应该加强教育教学研究，积极开展各种研究活动，建立高效的研究团队和平台，不断推进教育教学理论的创新和发展。

（二）教学管理人员素质要求

1. 具备良好的道德素质

教学管理人员的道德素质是教学管理工作的基石，关系到学生的成长和未来。作为高校的管理者，教学管理人员不仅要具备专业知识和管理技能，还要以身作则，用自己的行为和言行引领学生，传递正确的价值观和道德观念。只有这样，教学管理工作才能发挥更大的作用，真正做到管理育人，为学生的成长奠定坚实的道德基础。

2. 具备强烈的责任心

教学管理人员需要具备强烈的责任心，这是做好教学管理工作的关键。在教学管理工作中，每一个环节都需要认真负责，教学管理人员对每一个任务都应该有高度的主动性和积极性，以确保教学工作的顺利开展。

3. 具备扎实的业务知识

随着高等教育的不断发展，教学管理工作已经成为保证高等教育教学质量的关键环节。首先，教学管理人员需要掌握足够的管理学知识，以适应不断变化的教育环境。管理学知识包括组织管理、人力资源管理、财务管理等方面，教学管理人员需要学会合理分配资源，制订合理的管理计划，协调各方面的资源，使教学工作有序进行。其次，教学管理人员需要了解相关的学科知识，如院级教学管理人员需要了解本院各专业的课程体系、培养目标和教学内容等，以便更好地进行课程管理和协调各专业的教学工作。再次，教学管理人员需要掌握现代信息技术和手段，如教务管理系统、学籍管理系统、教学评估系统、教材管理系统、毕业证书管理系统以及日常办公软件的使用，从而推动教学管理的现代化和科学化进程。最后，教学管理人员要不断更新管理思想，加强团队协作和交流，深入挖掘教学管理工作的潜力和发展空间，提高教学管理工作的质量和效率；也需要与时俱进，关注国内外教育教学发展的新动态和新趋势，不断引入新技术和新理念，不断创新教学管理工作方式和方法，提高教学管理工作的水平和质量。

4. 具备较强的工作能力

教学管理人员应具备较强的工作能力，包括组织管理能力、应变能力、现代化教学管理设备的使用能力、观察研究能力等，这些能力有助于顺利完成教学管理工作，并提高教学管理的现代化、规范化和科学化水平。

四、创新教学方法

（一）常用的教学方法简介

1.项目驱动法

（1）项目驱动法的含义。项目驱动法是一种基于项目实践的教学方法，是将学生置于解决现实世界问题的情境中，让学生通过自主探究、跨学科和合作协作的学习，使学生对知识和技能进行综合应用。它以学生为中心，注重学生的主动参与和批判性思维，培养学生的问题解决能力、创新能力和团队合作能力。项目驱动法已被广泛应用于教育领域，并取得了一系列成效。在项目中，学生扮演着问题解决者和团队成员的角色，积极参与项目的各个阶段，包括问题定义、信息收集、解决方案设计和成果展示等。这种主动参与和探究的学习方式能够激发学生的学习兴趣和动力，增强他们的学习主动性和自主学习能力。学生需要整合和运用各个学科的知识和技能，解决复杂的现实问题。项目驱动法具有跨学科的特点，能够帮助学生建立知识之间的联系，培养学生的系统思维和综合分析能力，促进学生对学科知识的深度理解和实际应用，提高学习的实效性和实用性。项目驱动法强调团队合作和沟通能力的培养，需要学生同学合作、协商解决问题，通过集体智慧来实现项目目标。这种团队合作的学习方式培养了学生的协作能力、沟通能力和领导能力，培养了他们在团队中合作和交流的技巧。

（2）项目驱动法的实施。

①项目设计与规划。通过项目，学生应该能够掌握特定的知识和技能，培养特定的能力和素养。教师可以根据学科标准和学校的教学要求，设定项目的学习目标，并确保它们与学生的发展需要和学科要求相一致。项目应该涉及现实生活中的问题或情境，能够引发学生的好奇心

和探究欲望；项目应该具有挑战性，能够激发学生的学习兴趣，促使他们主动投入学习活动中，并提高他们的自主学习能力；项目应该具有实践性，能够让学生将所学的知识和技能应用于实际情境中，培养学生解决问题和应对挑战的能力，提高学生的学习动机和学习成就感，激发他们的学习热情和自信心。

②学生参与与团队合作。通过参与项目的不同阶段和任务，学生能够体验到自主学习的乐趣和成就感。他们能够主动探索问题、寻找解决方案，并将所学的知识和技能应用到实际情境中。参与项目不仅能使学生的学习更加有意义和实践性，还能培养他们的自主学习能力和解决问题的能力。项目驱动法也强调团队合作。通过组织学生形成团队，教师要促进学生之间的互动和合作，鼓励他们协作解决问题。在团队合作中，学生能够分享各自的知识和经验，互相学习和支持。团队合作不仅培养了学生的协作能力和团队精神，还加强了他们的沟通和交流技巧。在此过程中，学生能够学会倾听和尊重他人的观点，学会有效地与他人合作和解决冲突。

③资源支持与技术指导。教师可以为学生提供相关的参考资料和文献，帮助他们进行信息收集和研究。这些资源可以来自教师自身的知识储备，也可以是从图书馆、互联网等渠道获取的。通过提供丰富的资料，教师能够引导学生进行深入的学习和探究，培养他们的信息获取能力和综合分析能力。此外，教师还应确保学生能够获得必要的技术设备和工具，以支持他们在项目中的学习和实践，这可能涉及使用电脑、实验设备等。教师可以提供技术指导，确保学生能够熟练运用相关工具和技术，并在需要时提供技术支持。

2. 自学指导法

（1）自学指导法的含义。自学指导法指的是在教师的指导之下，学生能够自主学习知识内容，并通过思考与研究获得新的知识，掌握新技能的教学方式。自学指导法能有效培养学生的学习自觉性，增强学生学习自信心，帮助其形成独立思考的习惯。

（2）自学指导法的实施。教师应该事先为学生准备好自学的题目和选题，并为学生提供相关的背景资料，以开阔学生的思路。同时，教师也要帮助学生审题，对于不适当的选题要及时进行指导和调整，以保证学生自主学习的效果。在自学过程中，教师应与学生及时沟通，共同研究通过独立学习要达到的短期目标和长期目标。教师可以通过问答、讨论等形式与学生交流，指导学生对知识进行深入的思考和理解。教师要关心学生的学习情况，及时帮助学生解决问题，成为学生自主学习的推动者和鼓舞者。例如，教师可以通过定期的面谈、检查作业等方式了解学生的学习进度和学习情况，及时进行指导和调整。

3. 案例教学法

（1）案例教学法的含义。案例教学法并非简单地传授理论知识，而是将学生置于现实情境之中，通过实际案例让学生探索问题的解决办法。此教学方法的核心在于通过实际案例情境，促使学生将理论与实践相结合，深化学生对学科知识的理解，使学生学会应用所学知识解决实际问题。在应用案例教学法进行教学的过程中，教师可让学生对案例背景进行深入研究、对案例所涉问题进行全面讨论、对解决方案进行仔细评估。在这个过程中，学生不仅要理解案例的具体内容，还需要挖掘案例背后的理论。教师是学生学习的指导者和促进者，引导学生提出问题，让学生进行讨论，并确保讨论能够涵盖案例的各个方面。学生在分析案例时，需要从不同角度出发，考虑问题的复杂性。这种多角度的思考能促使学生认识到事物往往不是孤立存在的，而是相互联系、相互影响的。通过对案例的深入讨论，学生能够更好地理解案例中的问题，掌握问题的核心，从而解决复杂的问题。另外，案例教学法也强调解决问题的方案的多样性。不同学生可能会提出不同的问题解决方案。问题解决方案的多样性不仅能够促使学生进行更广泛的讨论，还能促进学生之间的思想碰撞，拓宽学生的视野。在讨论过程中，学生能够学会确立论点，进行论证，用事实和数据来支持自己的观点。案例教学法也注重反思和迁移。学生在制订案例解决方案后，被鼓励进行自我反思，反思自己的学习过程，并思考如何将学到的知识应用到未来的类似情境中。反思和迁移不仅能加深学生对案例的理解，也能促使学生将所学知识应用到将来的实践中。

（2）案例教学法的实施。在应用案例教学法教学前，教师应先确立教学目标，了解案例内容和学生需求等。然后，教师需要选择与教学内容密切相关的案例。教师要有丰富的专业知识，并了解相关行业动态，才能准确地选择案例。教师选择的案例应当具有代表性和实用性，能够让学生用所学的理论知识解决实际案例中的问题。接下来，教师需要设计案例研究的框架，明确学生需要达成的学习目标、讨论的主要问题、需要完成的任务和期望得到的讨论结果。在应用案例教学法教学过程中，教师需要进行细致的规划和组织，确保案例教学法能够发挥应有的作用，达到预期的教学目标。教师应提出一系列具有挑战性的问题，引导学生对案例进行深入的分析和讨论。这些问题应涵盖案例的各个方面，使学生能够全面地理解案例。在学生正式进行案例讨论之前，教师应确保学生已经对案例进行了充分的预习，学生了解了案例的背景信息和主要内容。教师可以通过提供预习指导或要求学生提交案例分析的草稿来达到这一目的。在学生进行案例讨论的过程中，教师要营造良好的课堂讨论氛围，管理好学生的讨论流程。教师应鼓励每位学生积极参与讨论，确保讨论的公平性和包容性。在学生提出观点后，教师可进行适当的引导，帮助学生进行更深入的讨论。同时，教师需要对学生讨论进行适时的调整和干预，确保讨论始终围绕学习目标和核心问题进行。在学生进行案例讨论的不同阶段，教师可以采用多种策略，如分组讨论、角色扮演或辩论等，增加讨论的深度和广度。分组讨论能够让不同的学生在小组内分享观点，角色扮演能够让学生从不同角色的视角深入理解问题，辩论能锻炼学生的逻辑思维能力和论证能力。另外，教师应当促进学生互动，鼓励学生批判性地分析同伴的观点。教师应确保讨论不偏离主题，并且使学生的讨论不断深化。案例讨论结束后，教师需要总结讨论的要点，归纳出学生在讨论中达成的共识和存在的分歧，帮助学生从讨论中提炼出有价值的学习成果，将讨论中的观点与理论知识相结合。在案例教学法实施过程中，评价和反馈是不可或缺的。教师应当对学生的参与程度、讨论的深度和学习成果进行评价。学生可以通过撰写反思报告、案例分析报告等来展现自己的学习成果。教师的评价和反馈应当具体、具有针对性。教师还应根据每个学生的表现，为学生提供个性化的指导。

4. 讨论教学法

（1）讨论教学法的含义。讨论教学法的实质是激发学生的思考潜力与表达能力，通过精心设计的引导性问题和开放式讨论环境，培养学生深入分析问题与解决问题的能力。在这种互动的教学环境中，教师是学生讨论的引导者和促进者。对于应用讨论教学法而言，问题的设计至关重要。问题应足够开放，以使学生可以从多个角度探讨问题；问题也应足够具体，能够引导学生进行深入思考。另外，教师应用讨论教学法进行教学时，应营造开放、自由的讨论氛围，使每位学生都有机会发言，鼓励学生发言，而且使学生的不同观点都得到考虑。这种包容性的学习环境对促进学生独立思考和自由表达至关重要。学生在讨论中不仅要表达观点，也要挖掘问题的核心，探索不同的解决方案。学生在讨论中可以锻炼自己的逻辑思维能力和表达能力。讨论还能锻炼学生的沟通能力。在讨论过程中，学生不仅要表达自己的想法，还要仔细聆听、尊重并评价他人的观点。沟通能力对学生未来的学习和职业生涯都是非常重要的。讨论也有利于培养学生的批判性思维能力。学生在讨论中被鼓励质疑、分析和评价所讨论的内容。学生拥有批判性思维能力，在遇到问题时能够独立思考，不盲目跟从别人的观点，能够基于事实和自己的分析来提出自己的观点。

（2）讨论教学法的实施。教师实施讨论教学法，需要精心策划和准备，以确保学生能够在讨论中充分发挥批判性思维能力和表达能力。讨论教学法的具体实施包括八个步骤。第一步：选择恰当的讨论主题。教师需要挑选适合教学目标并能激发学生兴趣的讨论主题，同时应使讨论主题有足够的深度，使学生能够从多个方面针对主题进行讨论，以确保讨论的有效性。第二步：准备讨论材料。教师需要为学生提供相关的讨论背景材料，如学术论文、新闻报道、统计数据或案例等，使学生在讨论之前进行充分的准备。这些材料应当具有信息丰富、观点多元和数据可靠的特点，以帮助学生确立自己的论点。第三步：设计引导性问题。在学生讨论开始前，教师需要设计一系列引导性问题。这些问题应当能够引导学生深入思考、分析问题的本质，引导学生从不同角度审视问题；这些问题也应当具有开放性，使学生能够自由表达观点，又具有指向性，能够引导讨论朝着达成学习目标的方向进行。第四步：设计讨论流程，组织学生进行讨论。教师应该设计讨论的流程，确定讨论的时间安排、不同阶段的讨论焦点以及可能的讨论转折点。为了让讨论更有成效，教师可以将学生分成小组，并给每个小组分配特定的子主题或者问题，以使学生的讨论更加具体和深入。第五步：创设互动环境。教师应为学生创设良好的讨论环境，鼓励学生自由表达观点、相互尊重和认真倾听。教师还应让学生明确讨论规则，如轮流发言、不要打断他人发言以及适当地提出反馈意见。第六步：监控和调整学生讨论。教师需要监控学生讨论的进展，并根据需要对学生讨论进行调整。如果学生讨论偏离了主题或变得不活跃，教师应当通过提问、引入新的信息或者转换讨论角度来重新激活讨论。第七步：总结和反馈。学生讨论结束后，教师应当总结讨论的主要观点和学习成果，并为学生提供反馈。教师可以对讨论的内容进行归纳，提出进一步思考的问题。第八步：评价和反思。教师评价学生在讨论中的表现，对于促进学生学习非常重要。教师可以通过观察和记录学生表现、学生自我评价或小组内互评来达到评价目的。教师也应鼓励学生对自己在讨论中的表现进行反思，以使学生在以后的讨论中有更好的表现。

5. 实验教学法

（1）实验教学法的含义。该教学方法注重让学生掌握基础理论和实践技能，让学生通过观察和实验操作来理解和运用在课堂上学到的知识。实验室为学生提供了可以安全进行实验的环境，在培养未来科学家方面起到了重要的作用。实验教学法的核心在于为学生提供实验的机会，让学生通过实验操作验证理论并将知识应用于实际问题解决中。这种教学方法能够使学生主动探索知识，加深学生对学科知识的理解。学生需要设计实验，进行观察，并从实验结果中提炼出有意义的数据和结论。这一过程不仅能锻炼学生的科学探究能力，还能增强学生的逻辑推理能力和数据分析能力。除了理论与实践相结合，实验教学法还注重团队合作。在实验中，学生往往需要与他人合作，共同完成实验任务。学生在合作过程中需要沟通与交流，能够锻炼沟通能力和团队协作能力。教师应用实验教学法教学，还能使学生学习实验室安全规范和操作规范，保障学生安全，培养学生负责任的科学态度，培养学生的实验操作能力和科学探究能力。

（2）实验教学法的实施。在实施实验教学法时，教师需要细致规划，确保实验活动既安全又有教育意义。设计实验课程是实验教学法实施的基础。教师需要确保每个实验都与教学内容紧密联系，让学生通过实验理解并掌握学科知识和操作技能。教师设计实验课程时，应考虑实验的可行性以及实验对学生学习的促进作用。为了让学生在实验过程中能够自主学习，教师需要为学生准备详细的实验指导书。实验指导书应包含实验目的、材料、详细步骤、预期结果以及可能遇到的问题与解决方案等。实验指导书不仅能帮助学生在实验前做好准备，也能在实验过程中作为参考资料，使学生能够正确完成实验步骤。

在实验教学中，教师必须对实验的安全予以高度重视，对学生进行全面的安全培训，确保学生了解并能够遵守实验规则。此外，教师需要检查所有实验材料和设备，确保它们处于良好状态，以避免发生安全事故。在实验前，教师应该演示实验的关键操作步骤，确保学生了解实验步骤。教师可将学生分为小组，并给每个小组成员分配特定任务，以提高学生实验效率。通过分工合作，学生能够更好地在实验过程中发挥各自的优势。学生应在教师的监督下，独立完成实验。这能够加深学生对实验的理解，也有利于提高学生解决问题的能力。另外，教师还要让学生准确记录实验过程中的数据。数据记录是实验的重要环节，也是科学研究中不可或缺的环节。实验结束后，学生需要对实验结果进行分析，并将实验结果与假设进行对比。在这一过程中，教师应引导学生讨论实验结果的意义，让学生将观察到的现象与理论知识联系起来。在学生独立思考和分析问题时，教师应鼓励学生批判性地思考实验结果，特别是当实验结果与预期不一致时。学生应学会识别实验误差，调整实验设计，通过实验结果提出新的科学问题。

6. 问题导向教学法

问题导向教学法注重以学生为中心，突出学生的主体地位。该教学方法以问题为核心，将学生置于问题情境中，激发学生的探究欲望和求知欲，使学生自主学习知识。在问题情境中，学生的学习动力往往源于对现实世界问题的好奇和解决问题的欲望。这种学习动力推动学生主动学习，深入研究问题，并运用批判性思维来分析问题的各个方面。学生在这一过程中需要自主寻找和评估各种学习资源。这能锻炼学生筛选信息和利用信息的能力。另外，学生通常需要在小组内合作，共同探索问题解决方案。这种小组合作有利于培养学生的沟通技巧和集体决策能力。沟通技巧和集体决策能力对学生未来的学习和工作都非常重要。

在应用问题导向教学法教学时，教师通过提出指导性问题，帮助学生设计自己的学习路径。教师的指导旨在启发学生思考，而不是直接提供答案，这有助于培养学生的自主学习能力。问题导向教学法还注重跨学科学习。因为现实世界的问题往往不会局限于单一学科的知识范畴内，所以学生需要利用多个学科的知识来制订问题解决方案。这种跨学科学习能使学生建立不同学科知识的联系，使学生学会综合应用不同学科的知识解决实际问题。问题导向教学法注重使学生通过探索和解决现实世界的问题来发展个人能力。这种教学方法强调学习的过程与结果同等重要。学生在学习过程中不仅能获得知识，还能发展批判性思维能力和解决问题的能力。问题导向教学法赋予了学生更大的学习自主权，有利于促进学生全面发展。

7. 同伴教学法

该教学方法注重让学生互相学习，让学生在教授他人的同时巩固自己的知识。在同伴教学中，学生担任教师的角色，为同伴讲解复杂的概念和理论。这不仅能加深学生对特定学习内容的理解，也能提高学生的学习效率。教和学是相辅相成的。学生在教授同伴知识时，也会重新审视知识，清晰、连贯地表达自己的想法。这能够加深学生对知识的理解，也有助于学生将新知识与旧知识联系起来。在同伴教学过程中，学生作为知识的传授者，必须学会有效地沟通和传递信息。学生需要学习有效的教学技巧，如提问技巧、鼓励同伴参与讨论的技巧以及评价同伴学习效果的技巧等。同伴教学法能促进学生的个人发展，有助于培养学生的领导能力。

同伴教学法也能显著增强学生的学习动机。学生要教授他人知识，会增强责任感。这种责任感能够促使学生深入地研究学习材料，以积极的态度参与学习。此外，学生意识到自己能够帮助同伴解决难题时，会产生成就感。这种成就感能增强学生的自信心和学习动力。

同伴教学法不仅注重知识的传授，也注重团队合作。在同伴的互动中，学生能够学会倾听、反馈和协作。这有利于学生在未来的工作中能够有效交流和合作。通过同伴教学，学生能够在支持性的环境中发展自己的学术能力。在同伴教学过程中，学生不仅能学习特定的学术内容，还能掌握学习策略，提升元认知技能。同伴教学能促使学生反思自己的学习方法，发现有效的学习策略，提升学习的有效性。

8. 情景教学法

情景教学法基于认知心理学理论，注重让学生在特定的情景中进行学习，加强学生对知识的理解和记忆。这种教学方法将学习视为一种社会化过程，让学生在真实或模拟的教学情景中进行探索、应用知识。情景教学法的核心在于为学生提供与现实世界紧密联系的学习环境。在这样的环境中，学生能够通过实际操作来理解抽象概念。这种学习方式使得知识不再是孤立的信息，而是与现实生活密切相关的知识。学生将所学知识与现实生活联系起来，不仅能够加深对所学知识的理解，还能够将所学知识迁移到新的情景中。

在一定的情景中，学生进行实践活动，通常需要与他人协作，共同解决问题。这有利于提高学生的沟通能力。通过实践活动，学生能够了解知识的应用价值。

教师运用情景教学法教学时，往往通过模拟实际的工作环境来设计学习活动，如角色扮演和模拟演练等活动。这样，教师能够让学生置身于特定职业的情景中，不仅能够激发学生的学习兴趣，还能帮助学生了解在特定工作环境下需要应用的知识和技能。通过情景模拟，教师能让学生在安全的环境中进行尝试，让学生学会解决现实生活中的实际问题。而且情景教学法强调学习的过程。学习应是一个持续的、动态的过程。在这个过程中，学生能掌握学习策略，适应模拟的工作环境，学会在一定的情景中应用知识。

（二）创新高等教育教学方法的方法

1. 还原法

教师在教育教学中使用还原法，能够抓住问题的本质，从而实现更好的教学效果。这种方法的核心是回到问题的起点，将最主要的功能抽取出来，并研究其实现方法与手段。在实施还原法时，教师需要运用反向思维，避开现行的世俗规则，将事物的原状设定为“是”，将所谓的“合理”事物设定为“非”。教师这样做可以更加客观地看待问题，发现问题的本质，从而为解决问题提供更好的思路和方法。

教学方法的创新同其他领域的创新一样，都有其创新原点。寻找创新原点，从创新原点出发去寻找解决问题的途径是实施还原法的关键。教师需要通过深入研究教育教学领域的基本理论和方法，找到问题的本质，并尝试用新思想、新手段等塑造新方法，从本原上解决问题。实施还原法需要教师具备一定的专业知识和技能，有一定的勇气和创新精神。教师应该注重教学方法的创新，不断探索新的教学模式，从而提高教学效果，激发学生的创新能力，为学生成长发挥积极的促进作用。

2. 强化法

强化法是一种科学分析并策划的方法，通过各种手段对原本一般的方法进行精练、聚焦、放大等处理，以获得强烈的创新效果，给人以冲击感。这种方法在教学中广泛应用，许多优秀教师就是运用强化法，将一般教学方法的部分元素充实、剥离，并将其应用到极致，获得了非常好的教学效果。强化法的优点在于可以提高教学效率，创造更好的教学效果，并且可以帮助教师更好地梳理教学思路，提高教学的针对性和实效性。但是，使用强化法也需要注意，过度强化可能会导致教学效果的削弱，因此教师在使用强化法时需要把握好度。此外，强化法的应用需要考虑学生的实际情况和接受能力，应避免造成不必要的压力。

3. 移植法

移植法是创新理论中的一种创新方法，指将一个研究对象的概念、原理和方法应用于另一个研究对象，从而达到创新目的的方法。在教学方法创新活动中，移植法分为纵向移植、横向移植和综合移植等方式。纵向移植是指在同一学科领域内，将成功的教学方法或策略应用到不同的教学内容或不同的学生群体中，从而实现教学效果的提高。例如，将成功的小组合作学习方法应用到不同课程的教学中，或将成功的互动教学方法应用于不同年级或学科的教学中。横向移植是指将不同学科领域或不同地域的成功教学方法或策略进行适当的调整和改进，将其应用于新的教学场景中，实现教学效果的提高。例如，将国外先进的互动式教学法引入我国的教学实践中，从而使学生更加积极参与课堂教学。综合移植则是指将多学科领域、多地域的教学方法的理念、思维和方法等综合引入教学中，从而打破学科界限，实现跨学科教学的目的。例如，在素质教育课程中，将艺术、体育、社会科学等学科的教学方法进行综合移植，实现学科间的融合教学。可以运用移植法将我国传统的教学方法与现代教育技术相结合，从而创新出更适合现代教育发展的教学方法。因此，合理借鉴和运用移植法能够帮助教师更好地实现教学目标，提高教学效果。

（三）高等教育教学方法的选择和运用

1. 结合教学方法的多样性进行教学方法选择和应用

教学方法是教育教学活动中最核心的内容。教学方法的多样性为教师提供了广泛的选择空间，以便更好地适应不同学科、不同教学内容和不同学生的特点。教师要在教学中运用恰当的方法，实现教学目标。在教学方法的选择和应用过程中，应充分考虑学科特点和学生特点，保证教学质量和效果。教学方法的多样性有助于教师通过不同的方式呈现教学内容，提高学生的学习兴趣和学习效果。教师应该遵循“以学生为中心”的原则，考虑学生的知识水平、兴趣爱好、认知能力和学习方式等方面的因素，选择适合学生的教学方法。例如，在语文教学中，教师可以采用讲授法、案例法、分析法等多种方法，帮助学生掌握语文知识和技能；在数学教学中，教师可以采用解决问题的方法、归纳法、演绎法等多种方法，让学生更好地理解和应用数学知识。①

另外，教师的教学方法应当与其教学风格相一致，以便更好地发挥自己的优势。例如，对于善于讲授的教师，可以多采用讲授法，使教学效果更好；对于注重互动、探究的教师，可以多采用探究式教学法、案例教学法等，以便更好地发挥教师的优势。教学方法的选择还应考虑教学任务和教学内容的特点，例如，在科学实验教学中，可以采用实验法、探究法等方法，帮助学生探索和理解科学知识；在文化课的学习中，可以采用阅读法、讲授法等方法，帮助学生掌握知识和技能。要注意的是，教学方法的使用不是一成不变的，而是需要根据具体情况进行变通和调整。教学方法的选择要与实际教学任务和教学内容相匹配，避免机械地应用某一种方法。

2.结合教学方法的综合性进行教学方法选择和应用

教学方法的综合使用有助于激发学生的学习兴趣，提高教学效果。在教学管理中，应注重教师的综合能力培养，指导教师根据不同的教学内容和学生情况，灵活运用各种教学方法，以提高教学效果。教师需要掌握多种教学方法，了解它们的适用场景和优缺点，只有在理论和实践的基础上综合运用各种教学方法，才能更好地实现教学目标。教学方法的综合使用不仅有助于激发学生的学习兴趣，还能促进学生的全面

① 张露汀，杨锐，郑寿纬．高校教育教学创新研究[M].长春：吉林人民出版社，2021：32.

发展。例如，在数学课上，教师可以采用讲解、演示、讨论、游戏等多种教学方法，引导学生积极参与，发挥学生的主动性和创造性，达到更好的教学效果；在语文课上，教师可以采用阅读、写作、演讲、讨论等多种教学方法，引导学生从不同的角度理解和表达，提高学生的语文素养。在实际教学中，教师还应注重教学方法的整合与转化，即将已有的教学方法通过适当的改进和创新，发挥更大的教学效果。例如，在进行讨论教学时，可以加入更多的案例，进行情景模拟，让学生更好地理解和应用所学知识。

3. 结合教学方法的科学性进行教学方法选择和应用

教学方法的科学性是指教学方法应符合教学规律，是科学教学的必要条件之一。管理者应要求教师选择和使用科学的教学方法，努力清除教学方法中不科学的成分，以确保教学方法的有效性和学生身心的健康发展。

第三节　高等教育教学创新的实践路径

高等教育作为培养社会所需人才的重要阵地，其教学理念和教学方法亦需随着社会的不断发展而不断创新与优化。在当前教育领域，教育质量观的提出为教育质量的提升注入了新的活力。教育质量观不仅重视教育的内容和形式，也强调教育的深度和广度、教育的持续性和创新性。如何将教育质量观融入高等教育教学中，成为当今高等教育工作者普遍关注的问题。除此之外，随着科技的进步和社会的发展，高等教育教学方法呈现出多样化和个性化的趋势。新的教学方法广泛应用于教学实践中。这些新教学方法不仅丰富了教学内容，也增强了教学的互动性和趣味性，为学生营造了更好的学习环境。教师可根据具体教学情况选择合适的教学方法进行教学。

一、教育质量观在高等教育教学中的践行路径

（一）以实践教学为根本的实践操作

1.明确实践教学的质量标准

在高等教育中，确保实践教学的高质量至关重要。高校可制定明确、具有针对性的实践教学标准。这些标准不仅是对实践教学活动的评估标准，也是对整个实践教学过程的指导和规范。在实践教学标准的指导下，实践教学活动的目的应明确，例如，某次实践教学活动的目的是培养学生的实际操作能力、团队合作意识或让学生解决复杂问题。明确实践教学的目的，有助于更精准地设计实践活动，从而达到实践教学标准。实践教学效果的评估直接体现实践教学的质量，不仅是对学生知识和技能的评估，也是对整个实践教学过程的评价。例如，评价学生在实践中是否能够自主解决问题、是否能够与他人有效合作、是否能够在复杂环境中做出决策。

2.实现实践教学与理论知识的融合

实践教学与理论知识的结合既有利于提高学生的学术水平，又有利于培养学生的实际操作技能。这种结合在很大程度上取决于教学模式的选择与实施。教师可通过选择合适的教学模式来实现实践教学与理论知识的结合，从而提升实践教学效果。下面介绍几种能够实现实践教学与理论知识结合的教学模式。

一是项目导向模式。其特点是通过实际项目来使理论与实践相结合。在这种教学模式下，学生面对真实或模拟的问题或情境，需要依靠所学的理论知识来解决问题。这种教学模式鼓励学生将理论与实践相结合，使学生在解决实际问题中加深对理论的理解，并培养学生的实际操作能力和问题解决能力。

二是实验探索模式。其特点是重视让学生通过各种实验来验证和探索理论知识。学生在真实或模拟的实验环境中进行实际操作，对所学的理论进行验证。这种教学模式不仅有利于提升学生的实践技能，还能激发学生对知识的好奇心和探索欲望，加深学生对理论的理解。

三是实习与实践基地模式。其特点是高校与企事业单位合作，为学生提供实习机会，或创建实践基地。学生在真实的工作环境中，可以直接将所学的理论知识应用于实践。这种教学模式不仅可以加深学生对所学知识的理解，还能使学生积累实际工作经验、了解行业的最新发展动态和对人才的需求，使学生为将来的职业生涯打下坚实的基础。

四是混合学习模式。其特点是结合了线上教学与线下教学，能为学生提供更加灵活的学习方式。线上教学能让学生掌握理论知识，线下教学为学生提供实践的机会。这种模式可以为学生提供更加丰富的学习资源和学习方式，满足不同学生的学习需求，使学生既能深入学习理论，又能进行实践操作。

五是研讨与讨论模式。其特点是鼓励学生通过小组讨论、研讨会等方式，深入探讨特定的话题或问题，鼓励学生从多个角度思考问题。这种教学模式可以增强学生的批判性思维能力和团队合作能力，使学生能够将理论知识与实践相结合，达到预期的教学目标。

3. 进行持续的质量评估与反馈

质量评估与反馈对实践教学具有重要作用。高校教师应不断监测和调整实践教学，以确保达到预期的教学效果。因此，教师应关注质量评估工具的多样性，使教学质量评估不仅涵盖传统的考试和作业，还包括实践日志、实践报告和自我评估等。教师这样做，可以全面地了解学生的实践进展和困惑，进而提供有针对性的指导。教师还应注重多方反馈，除了学生的反馈，行业专家、同行也是重要的反馈信息来源。例如，高校可以邀请行业专家定期参与课堂教学或参与学生项目评审，为学生提供更接近实际工作的评价。此外，教师还应鼓励学生互评，使学生从不同的角度审视自己的实践过程、从中发现潜在的问题和改进空间。

定期对教学内容和教学方法进行评价同样至关重要，因为教学内容和教学方法不是一成不变的。随着行业的发展和技术的进步，实践教学的内容和方法也需要不断更新。高校可以定期组织教学研讨会，让教师分享成功的实践教学经验，探讨新的教学方法以及如何更好地融合理论知识和实践操作。高校还应鼓励教师不断反思自己的教学实践、寻找改进的空间。高校可以定期组织教师进行教学观摩和交流，促使教师互相学习、共同进步。高校还可以为教师提供培训机会，帮助教师提高实践教学能力。为了确保实践教育的长效性，高校可以建立长效的质量监控体系，定期对实践教学的效果进行评估，对学生的满意度进行调查，对教师的教学水平进行考核。这样，高校可以确保实践教学始终处于较高的质量水平，满足学生和社会的需求。

4.应用新的教育技术和工具

在影响教育质量的诸多因素中，教育技术是一个重要的因素。随着时代的发展，信息技术的不断进步使得教育技术水平快速提高。教育技术和工具对提高高校的实践教学质量起到重要的作用。

一是教师应用新的教育技术和工具能够增强学生的实际操作体验。教师应用虚拟现实和模拟软件，可以为学生创设接近真实的操作环境。例如，在工程学、医学和航空学等领域，模拟软件允许学生在安全的环境中尝试各种操作，有助于学生掌握复杂的技能。这样，学生不必担心因为一次操作失误而造成严重后果。

二是教师应用新的教育技术和工具能够拓展实践教学的边界。在线教育平台使学生可以随时随地进行学习。学生可以通过在线教育平台观看其他学校或国家的优质课程视频，或者参与国际合作项目。在线教育平台不仅丰富了学生的学习内容，也帮助学生开阔眼界，使学生更好地适应国际化的工作环境。

三是教师应用新的教育技术和工具可以促进学生进行个性化学习。教师应用新的教育技术和工具，可以根据每个学生的学习进度和能力，为学生提供个性化的教学内容和反馈。例如，一些智能教育软件可以自动分析学生的答题情况，为学生提供有针对性的练习题和解答策略。这样，学生可以更加有针对性地进行学习，提高学习效率。

四是新的教育技术和工具能够促进团队合作与交流。例如，学生利用在线讨论板和视频会议工具，可以打破地域和时间的限制，与团队成员进行沟通和合作。这不仅能增强团队合作的效果，也能培养学生的沟通和协作能力。

五是应用新的教育技术和工具能够促进教师教学能力的增强。对于教师而言，新的教育技术和工具是强大的助手。教师可以利用这些技术和工具来设计更具创意的教学内容，如设计与教学相关的动画、游戏和模拟实验等。教师也可以利用新的教育技术和工具获得关于学生学习情况的实时反馈，从而更好地指导学生。

5. 保持与产业界密切合作

高校与产业界合作是提高实践教学质量的重要途径。高校维持这种合作关系，有助于提高教育质量，使教育与市场和产业需求紧密联系。高校应该重视为学生提供实地考察机会与实习机会。学生在实际的工作环境中，可以将所学知识应用到实际操作中，感受真实的工作氛围，体验各种工作挑战，更加深入地理解理论知识，提升实际操作技能。同时，实地考察和实习也有助于学生进行职业生涯规划，为未来的职业发展做好准备。高校还可以举办行业讲座，请行业嘉宾讲话，为学生提供与行业专业人士面对面交流的机会，帮助学生获取第一手的行业信息，使学生了解行业的最新动态和发展趋势。除此之外，高校还可以与企业进行项目合作与研究。例如，高校可以与企业合作进行某项技术研究或市场调研，为学生提供参与真实项目的机会。这不仅可以锻炼学生的实际操作能力，还可以培养学生的团队合作精神和解决实际问题的能力。高校还应及时更新教材内容。由于技术和行业的迅速发展，高校与产业界保持密切合作，才能确保教材内容与行业的最新发展相匹配，从而为学生提供前沿知识。高校还要注重提高毕业生就业率。通过与企业合作，高校可以了解行业的招聘需求，为学生提供就业咨询和推荐服务，帮助学生更快地找到合适的工作。

（二）以激发学生兴趣为前提的实践操作

1. 了解学生的兴趣点

兴趣常被视为最好的老师。如果学生对某一教学内容感兴趣，那么学生的学习过程就变得更加轻松、愉快。从教育质量观的角度看，学习兴趣是影响学生学习效果和教学质量的重要因素。在高等教育教学中，教师要激发学生的学习兴趣，需要先进行学生兴趣调查，了解学生的兴趣点。因此，教师可以定期进行兴趣调查，例如，使用问卷或在线平台收集数据，深入了解学生在某一学科领域内的兴趣爱好。然后，教师可以根据学生的兴趣进行有针对性的教学内容和教学方法调整，从而激发学生的学习兴趣，提高教学效率。

2. 开展情景教学，组织学生进行实地考察

情景教学法作为一种将学生引入某种特定环境或情景中的教学方法，能够激发学生的学习兴趣，使学生更直观地理解知识和应用所学知识。为了确保教育教学的高质量，激发学生的学习兴趣，教师可开展情景教学。在开展情景教学时，教师可先为学生创设接近真实工作环境的学习情景。例如，商学院教师可以为学生创设模拟股市交易的情景，工程学院教师可以让学生在实验室中模拟实际的工程项目。这样，学生不

仅能够将所学知识运用到实际操作中，还能够在相对安全的环境中做实验。教师还可以利用现代技术，为学生创设情景。现代技术，如虚拟现实和增强现实，为情景教学提供了更多可能。教师运用这些技术，可以为学生创设沉浸式的学习情景，使学生能够如身临其境地学习和应用知识。例如，医学院教师可以利用虚拟现实技术创设情景，让学生使用虚拟现实技术模拟手术操作。在进行情景教学后，教师应及时为学生提供反馈，让学生知道自己的优点和需要改进的地方。这样，学生可以在下次学习中做得更好。

除了在课堂上进行情景教学，教师还可以组织学生进行实地考察，这样也能激发学生的学习兴趣。例如，教师可以让地理学或环境科学专业的学生到当地的自然保护区进行考察，让艺术设计专业的学生参观博物馆和艺术画廊。这样的实地考察不仅可以拓宽学生的视野，还可以使学生了解所学知识的实际应用。

3. 使教学与学生的实际生活经验相结合

教师结合学生的实际生活经验进行教学，不仅能够激发学生的学习兴趣，还能够加强知识与现实的联系，使学生的学习更有意义。教师可以先设计出与实际生活相关的研究课题，然后鼓励学生选择与自己实际生活经验相关的课题进行研究。在课题研究过程中，学生不仅能够运用所学的知识，还可以从自己的实际经验中得到启示。教师还可以开展实际生活经验分享活动。这样的分享活动不仅能够提高学生的学习兴趣，还能够培养学生的沟通和表达能力。另外，教师还可以利用生活中的实际案例（如新闻事件、生活中的其他事件）开展教学。这样的案例与学生的实际生活紧密联系，能够提高学生的学习兴趣和参与度。在运用实际案例教学过程中，教师可以鼓励学生运用所学知识解决实际问题，这样不仅能够提高学生的学习兴趣，还能够培养学生解决实际问题的能力。教师还可以组织学生开展与实际生活相关的实践活动，如社区服务、公益活动等。这样的实践活动能够使学生更加了解社区和社会，提高学生的学习兴趣，增强学生的社会责任感。在实践活动临近结束时，教师可以引导学生思考自己的生活经验与所学知识之间的联系。这样的思考能够帮助学生更加深入地理解知识并实现知识的内化。

4.灵活运用教学方式

教师应当根据学生的需求灵活地调整和运用教学策略，从而激发学生的学习兴趣，调动学生的学习积极性，提升教学质量。教师可以利用讲授、讨论、案例分析、模拟等教学方式。面对喜欢自主学习的学生，教师可以提供自学资料和在线课程。教师还可以让学生进行项目学习，鼓励学生自主选择研究课题，并组织团队进行深入研究。这种学习方式不仅能够激发学生的兴趣，还能够培养学生的团队合作能力和项目管理能力。另外，翻转课堂也是较好的教学方式。这种教学方式注重学生的主动性，使学生在课堂上能够更加深入地理解和掌握知识。

5.进行持续的反馈和鼓励

教育不仅要传授知识，还要培养学生的能力、挖掘学生的潜力。在教育过程中，持续反馈和鼓励起到了重要的作用。反馈和鼓励是提升教学质量和教学效果的重要途径。

教师为学生提供反馈，能够使学生及时了解学习中的优势和不足，帮助学生及时调整学习策略、明确下一步的学习目标。反馈的形式多种多样，可以是口头的，也可以是书面的，可以是正式的，也可以是非正式的。但无论哪种形式的反馈，都应具有针对性、时效性和真实性。这样的反馈才能真正起到指导和帮助学生的作用。

鼓励是一种激励手段。学生在学习过程中难免会遇到困难和挫折。这时候，教师的鼓励就可能成为学生继续前进的动力。学生希望自己的努力得到认可，自己的进步得到鼓励。教师及时鼓励学生，可以使学生对学习产生更浓厚的兴趣和更强的动机。拥有较强学习动机的学生可能投入更多的时间和精力进行学习，更容易获得对知识的深入理解和长期记忆。但鼓励不是空洞的夸奖。为了确保鼓励达到预期效果，教师应确保鼓励是真诚的、基于学生实际表现的。因此，教师应当注重观察学生的表现，了解学生的需求和期望，从而给予学生真实的、有针对性的鼓励。

另外，反馈和鼓励存在紧密的联系。好的反馈往往伴随着鼓励，真诚的鼓励常常基于对学生的真实反馈。两者相辅相成，共同为学生的学习提供支持。教师根据学生的实际情况进行反馈和鼓励，可以增强反馈和鼓励的针对性和实效性，提高学生的学习兴趣。

（三）以师德师风建设为根本任务的实践操作

1.确立师德在高等教育中的地位

高等教育的质量不仅取决于教学内容的深度和广度，也受到教师行为和态度的影响。加强师德师风建设，有利于提高教育质量。教育主管部门和学校管理者应对师德的内涵进行明确和深化，确立师德在高等教育中的地位，强调教师应具备职业道德。高校需要制定明确的师德标准和评估机制。这些标准应当能反映学校的教育理念和目标，指导教师在日常教学活动中的行为和决策。评估机制不应仅限于评价教师的教学效果，还应评价教师与学生、同事和家长的互动以及教师对学生的关心和支持。高校可以通过专题研讨、工作坊和培训班等来进行师德师风建设。

教师应当不断反思自己的教育行为，挖掘师德的深层含义，不断追求自我超越。师德不仅是外在的行为规范，也是内在态度和价值观的体现。面对教学中的困境和挑战，教师应当有坚毅的态度，找到解决问题的办法。

高校师德师风建设也要与时俱进，与社会的发展相适应。师德的内涵和标准应当随着社会、经济、科技和文化的发展而不断调整和完善。这需要教育主管部门、学校和教师共同努力。家长和社会也应当认识到师德在高等教育中的重要性，给予教师足够的支持，与教师共同努力进行师德建设，为提高教育质量做出贡献。

2. 持续开展教师培训与终身教育

高校开展教师培训和终身教育，不仅能提高教师的教学技能，也能培育教师的师德师风。高校应构建全面的师德师风培训和终身教育体系。针对新入职的教师，高校应组织师德师风入职培训，确保每一位新教师在上课前都对学校的师德要求有深刻的理解。师德师风培训内容不仅应包括师德的基本理念和要求，还应涵盖实际教学中可能遇到的师德问题及解决办法。高校可利用在线课程和互动平台，为教师提供丰富的师德师风学习资源和互动交流机会。高校可以建立师德师风在线学习平台。教师通过该平台可以随时随地学习师德理念，观看教学视频，参与师德师风在线讨论，等等。在线学习平台还可以为教师提供实时反馈和建议，帮助教师更好地理解和实践师德师风。

高校还应该鼓励教师参与师德研究和交流活动。高校可以定期组织师德研讨活动，邀请师德专家进行讲座，或者邀请教师分享其在教学中的师德实践经验。这些活动可以帮助教师深入地理解师德理念，更好地进行师德师风实践。为了提升师德师风培训和终身教育的效果，高校应该建立师德师风考核机制。师德师风考核可以采用学生评价、同行评价等方式，确保教师在实际教学中能够真正践行师德师风。对于在师德师风方面表现出色的教师，高校应该给予相应的奖励和肯定，给予其更多的教研机会。总之，高校应确保教师持续接受师德师风培训和终身教育，力求使每一位教师都能在教学中真正践行师德师风，为学生提供高质量的教育服务。

3. 组织师德师风建设实践与反思活动

为深化教师对师德师风的理解，确保教师在日常教育工作中践行师德师风，高校可根据实际情况，定期组织师德师风建设实践与反思活动，促使教师在实践中提高师德水平。通过实践，教师可以提高师德师风水平。通过反思，总结经验和教训，不断提高自己的师德师风水平。具体而言，高校的师德师风建设实践与反思活动主要包括以下几个方面。

一是开展课堂教学观摩活动。高校可定期安排教师相互观摩课堂教学。这不仅有利于教师交流教学经验，也有利于教师从师德师风的角度观察如何在教学中体现出对学生的关心和尊重。课堂教学观摩活动结束后，高校可以安排讨论环节，让授课教师与观摩教师分享收获和体会、对师德师风进行深入思考。

二是开展学生辅导与访谈。每学期，教师应与学生进行至少一次的个别访谈，了解学生的学习和生活状态，从而更好地进行教育教学工作。这既是对教学方法的反思，也是对师德师风的实践和体现。

三是创建师德师风实践社团。高校可鼓励教师自发组成社团或小组，专门探讨和实践师德师风。教师可以组织读书会、主题沙龙活动等，每次集中讨论一个与师德师风相关的主题，分享各自在教学中的实践经验。

四是推行教育日志写作与师德师风践行经验分享。高校可鼓励教师每周撰写教育日志，记录在教育过程中的体会、疑惑和成长。高校也可以定期举办师德师风践行经验分享会，为教师提供交流的机会，同时促使教师对自己的师德师风进行反思和改进。

五是开设师德师风主题工作坊。高校可以邀请心理学家、教育学家和优秀教育工作者为教师提供工作坊，使教师学会如何在教育实践中更好地践行师德师风、处理教学中可能出现的各种情况。

4.建立完善的师德师风评价与激励机制

师德师风不仅影响教育质量，也对学生产生潜移默化的影响。高校建立师德师风评价与激励机制，对于推动师德师风建设具有重要的作用。在建立师德师风评价与激励机制时，高校应将构建多元化评价体系放在首要位置。多元化评价体系包括同行评价、学生评价、家长评价等多方面的评价。通过多方面的评价，高校能够全面了解教师在日常教育工作中的师德师风表现，更好地进行师德师风建设。高校也要让教师进行师德师风自评，鼓励教师进行自我反思，每学期末或每学年末让教师提交一份关于自身师德师风的自评报告。这有利于教师更好地了解自己在师德师风方面的长处与不足、需要在哪些方面进行改进。高校还应制定师德师风评价标准，使教师了解师德师风的具体要求，也使评价工作更有针对性和可操作性。师德师风评价内容应包括教师的课堂纪律、对学生的关心程度、与学生的沟通交流等。高校实施师德师风评价，可以使教师始终保持良好的师德师风。

高校为了鼓励教师提升自己的师德师风水平，采取激励措施也是非常必要的。高校根据师德师风评价结果，可以为表现出色的教师提供更多的专业发展机会、给予物质奖励等，从而促使教师更好地服务于学生。

高校还应及时向教师反馈师德师风评价结果，让教师了解自己的长处和不足，促使教师进一步提升自身的师德师风水平和教育水平。

随着社会的发展，教育观念也在不断地发展，高校需不断完善师德师风评价与激励机制，从而使师德师风评价与激励机制始终与时俱进，使其更好地服务于师德师风建设。

（四）以关注学生发展为中心的实践操作

1.运用个性化的教学方法

每个学生都有自己的兴趣、才能和学习能力。教学应当具有针对性和灵活性，以使每位学生都能够通过学习获得成长。教师可采用项目教学法，让学生进行项目式学习，使学生有机会根据自己的兴趣和学习能力来选择研究主题。这种教学方法注重实践和探索，强调学生的参与和主动性。学生参与项目研究，能够提升积极性，充分发挥创造力。这种教学方法也能培养学生的团队合作能力和跨学科思考能力。另外，教师也可以根据学生的需求，灵活运用讲授法、演示法、练习法、课堂讨论法、实验法、启发法等教学方法。

2.关注学生的全面发展

学生的全面发展涉及学术、心理、社交及职业等方面的发展。在具体的教学实践过程中，教师应注重培养学生各方面的素质，促进学生的全面发展。

一是经常与学生沟通，深入了解学生的需求。教师可安排一对一咨询时间，为学生提供自由表达想法的机会，这样可以更好地了解学生的压力和愿望等。通过这样的沟通，教师也可以为学生提供合适的学习建议和心理支持。

二是为学生提供多样化的学习资源和机会，使学生能够根据自己的需求选择学习资源。例如，教师可为学生提供丰富的图书资源、在线教育平台、实验设备等，以满足学生在学术上的需求。教师还可以组织社交活动、文化活动等，帮助学生开阔视野。

三是培养学生的团队合作能力。教师应鼓励学生参与各种团队活动，如小组项目研究、讨论会等。教师这样做不仅可以培养学生的团队合作能力，还可以帮助学生建立良好的人际关系、增强社交能力。

四是培养学生的领导能力。教师应鼓励学生参加学生会和社团组织、参与志愿者活动，让学生在实践中增强领导能力、组织能力和公共关系能力。

五是关注学生的心理发展，为学生提供心理咨询服务。教师可让专业的心理咨询师为学生提供帮助，还可以定期开展心理健康教育活动，帮助学生认识自己、理解情感、调整心态。

六是关注学生的职业规划和发展，为学生提供实习机会、职业咨询服务、就业指导服务等，帮助学生更好地规划自己的未来。因此，高校应对教师和其他相关人员进行培训，提高教师的专业素养和教育敏感度。通过培训，教师可以更好地了解学生的职业需求，为学生提供合适的建议和支持。

3. 为学生提供及时的学习反馈与指导

教师及时、准确地为学生提供学习反馈与指导，有利于使学生明确自己的学习方向、发现学习中存在的不足，从而使学生有针对性地改进和优化学习策略。面对每一个学生，教师都需要有关怀的态度。在教育的每一个环节，教师都需要展现出对学生真诚的关心。每一位学生都拥有独特的学习经历和需求，因此，教师应为学生提供个性化的反馈和指导。教师通过深入了解学生的需求和期望，可以确保提供的反馈和指导既有针对性又有实效性。

科学技术的进步给教师提供反馈带来了新的可能。在线教学平台不仅可以为教师提供学生学习进展的信息，还可以为学生提供有针对性的学习资源和建议。教师可利用在线教学平台，系统地收集和分析学生的学习数据，根据分析结果为学生提供有针对性的反馈和指导。另外，教师还应不断地学习，持续更新知识和技能，确保提供的反馈和建议与时俱进、符合学生的需求。

4. 与企业、社区合作

学生的全面发展不仅取决于课堂教学，也需要社会实践。高校与社会各界合作，有利于学生得到全面发展。高校可以与企业合作建立实习基地，为学生提供实习机会，不仅可以让学生了解职业要求，让学生在实习中获得实际工作经验、对所学知识进行实际应用，还能帮助学生进行职业规划。另外，高校还可以不定期组织学生参加社区服务活动。社区服务活动能够培养学生的社会责任感，提高学生的团队合作能力、沟通能力和实践能力。

5. 进行职业生涯规划指导

教师应为学生提供职业生涯规划指导，帮助学生明确职业方向，使学生为未来做好准备。因此，教师应深入了解每位学生的需求和期望，这是职业生涯规划指导的基础。教师可通过定期调查、面谈和互动，了解学生的兴趣、梦想和职业目标。每个学生都是独一无二的，都有自己的才华和潜力。教师为学生提供的职业生涯规划指导和建议应具有针对性，从而使学生找到适合自己的职业发展路径。

高校举办职业生涯规划工作坊也是进行职业生涯规划指导的有效途径。在职业生涯规划工作坊中，学生可以深入地了解各种行业和职业，发现自己真正的兴趣和优势。高校可以邀请行业专家、校友和职业规划师来学校分享职业经验和见解，为学生提供宝贵的建议。这样的活动不仅可以帮助学生开阔视野，还可以增强学生的自信和发展动力。另外，高校应注重为学生提供实践机会，使学生通过实践了解自己的长处和短处、做出明智的职业选择。高校可与企业合作，为学生提供实习、工作的机会，帮助学生获得实践经验，使学生为未来的职业生涯打下坚实的基础。

职业生涯规划不是一次性的活动，而是一个持续的过程。随着时间的推移，学生的需求和兴趣可能会发生变化，所以高校应该为学生提供持续的职业生涯规划指导和支持，努力使学生获得满意的工作。无论学生处于哪个阶段，都应该有专门的辅导员和教师为学生提供职业生涯规划帮助和支持。

二、高等教育教学新方法的应用

（一）基于逆向思维的还原教学法的应用

1.反向进行教学设计

教师以教学目标为指导，通过明确的目标反向设计教学过程。由于最终的教学目标很明确，所以教师明确地知道哪些教学内容是核心的，哪些是辅助的。这样，教师可以将时间和精力集中在最重要的教学环节上。从长远的角度看，这种基于逆向思维的还原教学法的应用有助于培养学生的独立思考能力和自主学习能力。因为学生从一开始就知道自己的学习目标，所以学生可以更加主动地寻找和使用学习资源，更加主动地参与学习和讨论。这种自主学习能力在未来的学习和工作中都是非常重要的。

2.让学生进行案例分析

教师让学生进行案例分析，能够帮助学生把理论与实践相结合，培养学生的实际操作能力和问题解决能力。选取案例至关重要。教师应确保选取的案例不仅与教学内容相关，也具有一定的复杂性和现实性。这样，学生在分析案例的过程中可以深入地理解和应用所学的知识。教师选定案例后，可以将案例分发给学生，让学生尝试分析案例。在学生分析案例的过程中，教师可以进行观察和指导。教师如果通过观察学生的行为和交流了解到学生的困惑，那么应引导学生应用逆向思维、返回去思考基本概念和原理，帮助学生建立清晰的认知结构。例如，如果一个学生在分析一个商业案例时遇到困难，那么教师可以引导他回顾相关的商业模型和理论，帮助他找到解决问题的线索。在该过程中，教师与学生的交流和讨论是非常重要的。教师通过提问、讨论和反馈，可以启发学生思考，帮助学生更好地分析案例、解决问题。

3. 让学生完成自主研究项目

教师可以鼓励学生选择复杂的研究主题进行研究，使学生进行充满挑战性和探索性的学习。从研究项目启动到最终完成，每一个环节都是一个学习的过程，都能让学生获得知识和经验。首先，学生需要投入时间，探索和发现真正吸引自己的研究方向。这一步非常关键，因为学生只有真正对一个研究主题感兴趣，才会投入更多的热情和时间去深入研究。其次，找到研究方向后，学生应细化研究的目标，制订一个清晰的研究计划。这个研究计划可以包括所需的资源、时间、研究方法等内容，确保研究能够按照既定的目标进行。在实际研究过程中，教师应鼓励学生不怕失败、勇敢尝试。学生遇到问题或困难时，应深入研究问题，努力找到解决办法。在此过程中，学生会逐渐掌握逆向思维方法，当面对一个复杂的问题时，尝试从后往前推，从结果逆向推导到问题的起因，从而找到解决问题的办法。这种逆向思维方法能够帮助学生看到一些平时容易忽略的细节，也能够帮助学生更好地理解某个知识点的本质。

4. 让学生进行小组合作与讨论

在教学过程中，小组合作与讨论被视为一种高效的学习方式。教师可组织学生进行小组讨论，让每个小组选择一个复杂的课题作为研究对象。在开展这一活动之前，教师有必要先确定每个小组的成员，确保每个小组的人数均衡，也要确保每位学生都能在小组中发挥其独特的作用。接下来，教师要为学生提供一系列复杂的课题，让学生选择。每个课题都应该具有一定的深度和广度，应能够引起学生的研究兴趣。随后，每个小组选择并研究一个课题。在研究课题的过程中，学生需要进行资料查找、阅读和整理，对所选课题有全面的了解。为了确保每位学生都能够积极参与小组研究活动，教师可以让每位学生负责课题研究的一部分，然后让学生在小组内部进行分享和交流。这样，每位学生都有机会发言，都能够从他人的分享中获得新的知识和启示。在小组内部分享和交流结束后，教师可鼓励学生对课题进行分析，让学生利用已经学到的知识，找到课题背后的基本原理。这个过程可能会具有挑战性。这样的挑战有利于锻炼学生的逆向思维能力和解决问题的能力。另外，这种小组合作的学习方式也有利于培养学生的团队合作意识和合作能力。在这样的小组活动中，学生能够学会如何与他人沟通、如何分工合作、如何共同完成一个任务。这些经验对学生未来的学习和工作来说都是非常重要的。

5. 让学生进行实践

在教学中，理论知识的学习是基础，实践也是非常重要的。学生往往需要通过实践才能学会应用所学知识和技能。实践环节应成为课程的重要组成部分。进入实践环节之前，教师应让学生明确需要达成的目标。这样，学生能有方向地进行实践，而不是盲目操作。为了让学生更好地进行实践，教师还应为学生提供充足的指导材料，如操作手册、视频教程或在线互动模块，确保学生在实践中不会迷失方向。教师应鼓励学生在实践中应用所学知识。学生的实践场所有实验室、实习场所或其他合适的实践场所。在实践过程中，学生可能会遇到困难或问题。当学生遇到困难时，教师可提醒学生回想基本原理，重新审视和解决问题。这种逆向思维方法能够帮助学生将理论知识与实践相结合，找到解决问题的办法。

6. 教学评估与反馈

教学评估与反馈是教育过程中的重要环节，能够反映学生是否真正理解并掌握了知识。在教学中，教师应用多样化的评估方法是必要的。

因为每个学生的学习方式和接受能力都是不同的。项目评估是一种很好的评估方式，通过具体的项目来考查学生是否能将所学知识应用到实践中。在项目评估中，教师不仅看学生的学习结果，也看学生完成项目的过程，如学生如何规划项目、如何应对突发情况、如何分工合作、如何解决问题等。学生互评也是一种评估方式。学生互相评价，不仅可以了解自己的不足，也能了解和学习他人的长处。通过多样化的评估，学生不仅能够对所学知识有更深入的理解，也能对自己的学习方式和学习策略有更清晰的认识，从而适当调整自己的学习方式和学习策略。

对于学生在学习中遇到的问题，教师应认真对待。教师需要为学生提供及时的反馈和指导，帮助学生找到问题的根源，使学生能够顺利地解决问题。教师不应简单地告诉学生答案，而应引导学生进行思考，必要时引导学生运用逆向思维进行思考，让学生自己找到答案，这样不仅能够培养学生分析问题、解决问题的能力，还能使学生对所学知识掌握得更加牢固。

（二）基于科学分析与策划的强化教学法的应用

1.确立教学目标

在确立教学目标之前，教师需要了解学生的学习需求和社会需求。教师应经常与学生进行沟通，深入了解学生的兴趣、期望等。接下来，教师将学生的需求和社会需求转化为明确的知识目标和技能目标。教学目标应是具体的、明确的、可衡量的。例如，不仅要求学生了解某个概念，还要让学生能够解释它、应用它。有了明确的教学目标之后，教师围绕这些目标设计教学内容和教学过程，从而使学生学到知识、学到有助于未来发展的技能。

2.让学生进行个性化学习

教师了解每位学生的学习需求和能力，是引导学生进行个性化学习的前提。教师可通过问卷调查、面谈或者实际操作评估，全面了解学生的知识水平、技能水平、学习习惯和学习需求等。之后，教师为学生制订个性化的学习计划。这不是简单地给学生分级，而是为每位学生制订一个与众不同的学习计划。教师制订个性化学习计划时，要考虑到学生的长处、短处以及学生的兴趣和学习需求。对于在某一领域已经有一定基础的学生，教师可以为学生提供更复杂的学习内容；对于在某一领域有学习困难的学生，教师可为学生提供更多的指导和支持。学习计划要具有灵活性。随着学生的进步，教师可能需要对学习计划进行适当调整。因此，教师需要与学生保持沟通，随时了解学生的需求，确保学习计划始终与学生的实际情况相匹配。学生使用适合自己的方式进行学习，其学习效果会大大提升。

3. 应用新技术

教师可以应用人工智能、虚拟现实、增强现实等进行教学，为学生营造沉浸式的学习环境。例如，教师可以设计智能辅导系统，根据学生的学习进度和能力，为学生提供适当难度的习题。教师还可以利用智能辅导系统分析学生的答题习惯，为学生提供个性化的学习建议和反馈。教师也可以利用虚拟现实技术，为学生提供全新的学习体验。例如，在历史课上，学生可以利用虚拟现实设备，走进虚拟的古代城市和战场，感受古代的生活氛围，这样的学习体验会令学生难忘。增强现实技术在教学中的应用，会使教学内容更加直观，使教学更加生动。例如，在生物课上，学生可以利用增强现实眼镜，直接看到细胞结构的三维图像，甚至可以与其互动。值得注意的是，这些技术的应用并不能替代传统的教学方法，而是与传统教学方法的融合，增强教学的有效性。

4. 模拟教学与情景教学

为了使学生更好地将理论知识应用于实践，教师可创建真实或模拟的教学环境。以市场营销课为例，教师可以为学生创设模拟的市场环境，其中包括各种市场因素，如竞争、供需关系、顾客需求等。学生扮演企业家的角色，运用所学的市场营销策略和技巧，在这个模拟的市场中进行操作。这种教学方式比传统的课堂教学更能激发学生的学习兴趣，更有助于学生深入理解和掌握相关的知识和技能。在医学或工程学的教学中，教师可以创设情景，为学生提供真实的工作场景，让学生在专家的指导下进行实际操作。这不仅可以帮助学生更好地掌握技能，还可以培养学生的团队合作能力和解决问题的能力。值得注意的是，为了确保模拟教学与情景教学具有良好的效果，教师需要不断学习，了解真实的市场情况和工作环境等，确保教学与真实的市场情况和工作环境相符。通过模拟教学与情景教学，教师可以使学生更好地将所学知识应用于实践，这会为学生的未来职业生涯打下坚实的基础。

5. 评估与反馈

持续的评估和反馈可以不断地检查学生的学习效果，并让学生了解自己学习中存在的问题，使学生不断调整和优化学习过程，使教学目标得以实现。教师可以设计多种形式的测试，如随堂测验、作业检查、期中考试、期末考试等。通过这些测试，教师可以给学生打分，可以了解学生的学习情况，找出学生学习的不足，从而为学生下一阶段的学习提供指导。教师应将每一次的评估结果都及时反馈给学生。这些反馈可以是口头的，也可以是书面的，重要的是，要明确地指出学生的优点和不足，帮助学生找到正确的学习方向和目标。

对于学生而言，评估与反馈也是一种激励。学生知道自己的努力得到了认可，会更加积极地学习。当学生知道自己在某些方面存在不足时，学生会更加努力地去弥补不足，确保自己不再犯同样的错误。对于教师而言，持续的评估与反馈，也是一种不断调整教学策略、提高教学能力的过程。通过对学生学习效果的评估，教师可以了解自己的教学方法是否有效、教学策略是否需要调整，从而有针对性地改进教学方法、调整教学策略，也能不断提高教学能力。这样，教师可以提高教学质量，使学生真正掌握所学的知识和技能。

（三）基于创新理论的移植教学法的应用

1.跨学科课程设计

跨学科课程设计的核心在于打破学科间的壁垒，整合不同学科的相关的知识。设计跨学科课程时，首先要明确不同学科能够产生交叉的领域和内容，确定课程目标；其次从每个学科中提取核心知识，分析这些知识如何在其他学科中应用。例如，可能在化学中找到与生物学中的细胞知识相关的化学反应。跨学科课程中不仅要有理论知识，也要有实际操作内容。例如，可以通过项目学习方式，让学生在实际操作中对知识进行跨学科应用。需要注意的是，跨学科课程设计不是一蹴而就的。在课程实施过程中可能会发现新的问题和不足，因此，需要根据学生的反馈和教学效果对跨学科课程进行调整。

跨学科课程的实施可以使学生通过一个课程学到多个学科的知识。这种教学方式对学生具有启发和帮助作用。从知识的广度来看，学生通过跨学科课程的学习，会对多个学科有更深入的了解。学生能了解不同学科之间的联系，学会在实践中应用不同学科的知识。从知识的深度来看，跨学科学习可以让学生更加深入地探讨某一问题。例如，在探讨气候变化这一问题时，学生不仅要学习地理知识和生物学知识，还要结合政治、经济和社会学的知识，从多个角度来看待这一问题。从能力培养来看，跨学科课程不仅可以使学生学习多个学科的知识，还能培养学生的思维能力和创新能力等。

2.案例研究

在应用移植教学法时，教师应先找到两个或更多学科中具有代表性和教学价值的经典案例。教师挑选的案例不仅要具有学术价值，还要能引起学生的兴趣，引起学生主动参与案例研究和讨论。选定案例之后，教师应对选取的案例进行深入的内容分析。教师要梳理出案例的核心观点，了解案例的背景、涉及的学科知识、与其他学科的联系等。接着，教师让学生分析不同学科案例的相似性和差异。为了使教学具有连贯性和有效性，教师可应用各种互动教学策略，如小组讨论、角色扮演和模拟决策等。这样，学生可以从多个角度去解读案例，加深学生对案例的理解。

通过案例研究，学生可以获得预期的学习效果。最明显的学习效果就是学生对学科知识有了深入理解，对知识的应用能力有所提高。通过对比分析不同学科的案例，学生可以了解不同学科知识的联系和差异。这有助于学生建立跨学科的知识体系。在这样的教学活动中，学生的批判性思维能力和分析能力也能得到锻炼。在对案例进行分析和讨论时，学生需要对信息进行解读、筛选、组织。这样，学生独立思考的能力和解决问题的能力可以得到锻炼。在小组讨论或模拟决策时，学生需要与同学合作，分享观点，听取不同的意见。这样，学生的团队合作能力和沟通技巧会得到提高。这有助于学生在未来的实际工作中更好地与他人合作和沟通。

3. 团队协作与小组讨论

教师应用移植教学法时，可以让学生进行团队协作与小组讨论，这样能够使课堂教学气氛更加活跃。教师要创建多学科的团队。每个团队都由具有不同学科背景的学生组成。这样的团队设计能够确保团队内部存在丰富的学科知识，为后续的小组讨论提供多样化的视角和思路。当团队开始深入讨论某一主题或问题时，每个成员都可以从自己的专业角度出发，为团队提供独特的见解和建议。这种跨学科的互动与合作能够促进知识的整合和移植。为了使团队获得良好的讨论效果，教师需要让学生明确讨论的目标和议程，同时为学生创设开放的环境，使学生可以自由发表意见、提出问题或提供答案。此外，为了确保所有成员都能参与讨论，教师可以采用轮流发言、角色扮演等策略。

学生经常参与团队协作和小组讨论，能够获得预期的学习效果。通过与具有不同学科背景的同学交流和讨论，学生可以从多个角度看待问题，更好地理解和解决问题。通过团队协作和小组讨论，学生不仅可以获得知识和技能，还可以锻炼沟通能力。在团队中，学生需要与他人合作，共同完成任务。因此，学生要学会倾听、理解、说服和被说服。这种沟通和协作的经验不仅对学习有益，对学生的成长和未来的职业生涯也有深远的影响。另外，通过团队协作和小组讨论，学生也能锻炼自主学习能力和创新能力。在小组讨论中，学生需要主动发表自己的见解，对他人的意见进行批判性思考。这有利于学生养成自主学习习惯，提高创新思维能力。

4. 实际操作与模拟实验

教师应用移植教学法教学时，也可以让学生进行实际操作与模拟实验。为了提升教学效果，教师可设计一系列目标明确、具有挑战性的操作和实验，使学生参与其中、进行实践。教师设计实际操作活动时，需要使操作活动体现移植教学法的核心理念。例如，在关于机械原理的课中，教师可以布置让学生动手制作的任务，让学生使用简单的材料制作小型的机械装置，然后让学生结合其他学科的知识（如物理知识或数学知识）优化机械装置的性能。这样的操作活动不仅能让学生真正理解机械原理，还能让学生了解知识移植的过程。与实际操作相似，模拟实验也是一个非常有效的教学方式。与传统的实验不同，模拟实验往往使用计算机软件或其他数字工具，模拟真实世界中的情境或问题，让学生在相对安全的环境中进行实验尝试和探索。例如，在化学课上，教师可以使用模拟软件，让学生模拟不同条件下的化学反应、观察反应的结果，然后让学生结合其他学科的知识（如生物知识或物理知识）探讨化学反应的意义和作用。

学生经常进行实际操作和模拟实验，可以获得很好的学习效果。通过实际操作和模拟实验，学生可以应用学到的知识和技能。在实际操作和模拟实验的过程中，学生还要面对各种不确定性的状况和挑战。这样，学生能够锻炼解决问题的能力。实际操作和模拟实验还有助于培养学生的动手操作能力和创新思维能力。在完成任务或实验时，学生往往需要创新，找到新的方法或策略。这样，学生可以锻炼创新思维能力。这种实践式的教学也能激发学生的兴趣，提高学生的参与度。与传统的教学方式相比，实际操作和模拟实验对学生来说更有吸引力，能使学生更加积极地参与教学活动，从而使学生获得更好的学习效果。

5. 反思与总结

在应用移植教学法进行教学的实践中，教师要让学生经常反思与总结。学生进行反思与总结，不仅可以对已学知识进行回顾和巩固，还可以对学习过程中的体验、感受和问题进行深入思考。教师让学生进行反思和总结，有助于学生更加深入地理解知识，也有助于学生发现自己学习过程中存在的问题和困难，思考这些问题产生的原因以及可能的解决策略。例如，学生在一个跨学科的项目中发现自己的某个学科的知识不足时，可能会主动去查阅资料，或者咨询同伴，从而获得这个学科的更多知识。反思与总结活动不仅能加深学生对知识的理解，还有利于增强学生面对问题时的主动性和解决问题的能力。

6. 教师持续学习

教师持续学习，不仅能够获得更多的知识和技能，也能学到更先进的教育理念，改进教学方法。教师通过学习，可以深入了解移植教学法的理念、实施策略和实践，会更加有信心和能力去应用这一教学方法，确保其在教育实践中的有效性。同时，教师也可以与其他教师进行交流和分享。这种交流和分享有助于教师互相学习，进而形成教育社群。在这样的社群中，教师可以分享自己在移植教学法应用实践中的经验和成果，也可以从他人那里获取新的启示和灵感。这种交流和互动能进一步推动移植教学法在教育实践中的应用。

为了确保移植教学法能够在教育实践中得到有效应用，高校应为教师提供进修的机会。通过进修，教师可以与时俱进，了解新的研究成果，学习新的教学策略，进而更好地指导学生、应对教育中的各种挑战。例如，关于移植教学法，可能出现了新的案例、新的研究成果或新的教学工具。通过进修，教师可以及时了解这些信息，进而更加有效地将移植教学法应用于教育实践中。

（四）问题导向教学法的应用

1.树立以学生为中心的教育理念

问题导向教学法注重以学生为中心的教育理念，强调学生在教学中的主体地位，注重学生在学习过程中的主动性。学生是积极寻求知识的探索者。教师运用这种教学方法，能够加深学生对学科知识的理解，让学生应用所学知识解决实际问题，培养学生解决问题的能力。教师需要创设问题情境，让学生在问题情境中自己设定学习目标、主动收集与问题相关的信息资源，然后通过分析问题或小组讨论问题揭示问题的本质、找到解决问题的方案。在这一过程中，教师扮演的是引导者和辅助者的角色。教师通过适时提问和反馈，引导学生深入思考，拓宽学生视野，让学生学会解决问题，培养学生独立思考的能力和自主学习能力。学生在这样的学习过程中能够获得坚实的知识基础。当学生习惯通过探究来获取知识时，学生的学习更加自主，学习的主动性和创造性增强。获取和处理信息的能力、自主学习能力对学生今后的学习和工作都很重要。

2. 让学生进行合作学习

在应用问题导向教学法进行教学时，教师可让学生通过小组合作来解决问题，有效地促进学生的交流与合作。在这样的学习过程中，小组成员需要共同讨论问题，分享信息和学习资源，协商问题解决方案。这有利于增强学生的团队合作能力。在小组合作的过程中，学生能够从不同的角度分析和处理问题，这有利于培养学生的发散思维能力。学生可以轮流在小组中扮演不同的角色，如领导者、记录员或发言人。这样的角色轮换能够增强学生的责任感和领导能力。在小组讨论中，学生能够自由表达自己的观点，认真倾听他人的想法，通过沟通和协商达成共识。另外，合作学习还涉及冲突的解决。学生在解决小组内部分歧的过程中，能够锻炼沟通能力。

3. 让学生对不同学科知识进行整合应用

学生在分析问题和解决问题的过程中可能应用到不同学科的知识。在这一过程中，学生通过积极探索，将不同学科的知识联系起来，用跨学科知识解决实际问题。例如，在面对一个涉及环境保护的问题时，学生不仅需要运用生物学的知识，还需要了解法律、社会学、经济学等学科的知识，才能提出较完善、可行的解决方案。这样的教学方法使学生能够在学习中了解不同学科知识之间的联系，培养学生运用不同学科知识分析问题、解决问题的能力。

4. 培养学生的批判性思维能力

教师应用问题导向教学法，有利于培养学生的批判性思维能力。教师创设贴近生活的问题情境，激发学生的学习兴趣。学生自主分析问题，探索解决问题的方案。在这一过程中，学生不仅要收集相关信息，还要批判性地评估信息，从不同角度制订不同的解决方案，并在多个解决方案中选出最佳方案。这有利于锻炼和提升学生的批判性思维能力。

5. 培养学生的自我反思能力

教师应用问题导向教学法教学时，鼓励学生在每一个学习阶段都进行自我反思。通过自我反思，学生能够了解自己在认知和情感上的变化，了解自己的学习特点，了解影响学习效果的因素，以便在未来的学习中调整学习策略。

（五）基于学习任务的同伴教学法的应用

1. 设计与选择学习任务

基于学习任务的同伴教学法的核心在于通过精心设计的学习任务，促进学生互动与合作，从而促进学生自主学习。这种教学方法强调任务的实际应用价值，鼓励学生将理论知识与实践技能相结合，让学生通过共同完成学习任务来提升知识水平和技能。

学习任务的设计与选择是应用同伴教学法的关键环节。有效的学习任务应当具备挑战性、相关性和可操作性的特点。学习任务具有挑战性是指学习任务足够复杂，能够激励学生充分发挥其潜能。学习任务具有相关性是指学习任务与学生的实际生活或未来职业发展密切相关，以增强学习的现实意义。学习任务具有可操作性是指学习任务应当在学生当前的知识和技能水平范围内，可操作性强，确保学生能够顺利完成任务。教师在设计学习任务时，还应考虑促进学生的有效互动，使学生能够讨论、合作。

2. 分配与管理角色

同伴教学法强调让学生在教学过程中轮流扮演不同的角色，如让学生轮流扮演教师和学习者。这种角色的转换不仅有助于学生理解和掌握知识，还能促进学生在教和学的过程中发展多种技能。学生扮演教师角色时，需要准备教学材料，思考如何有效地传达信息、如何引导同伴学习。这有助于加深学生对学习内容的理解，也能锻炼学生的组织能力、表达能力。学生扮演学习者角色时，需要积极参与学习，提出问题，与扮演教师角色的同伴互动。

教师应用同伴教学法进行教学时，应进行有效的角色分配和管理，对学生的角色扮演进行适当的指导和监督。教师进行角色分配时，应考虑学生的个性特点和学习需求，使每位学生都能扮演适合自己的角色，使学生获得较好的学习效果。通过这种个性化的角色分配和管理，教师能够促进学生主动学习，提高教学效率。在教学中，教师需要确保每位学生都有机会扮演不同的角色，使学生获得必要的支持和指导。教师还应鼓励学生在扮演不同角色时相互反馈。通过这种互动，学生不仅能够从不同角度理解学习内容，还能锻炼沟通能力和合作能力。

3.促进学生互动与合作

教师在应用同伴教学法教学的过程中，不仅要传授知识，还要营造支持性的学习环境，促进学生积极互动与合作。通过互动与合作，学生能够在实际操作中学习新的知识或技能，加深对知识的理解，学会应用新的知识和技能。为了促进学生互动与合作，教师可以组织多种形式的团队活动，如分组讨论和角色扮演。在这些活动中，学生需要共同讨论问题，分享信息，协商意见，并共同制订问题解决方案。这种合作不仅有助于提升学生的沟通能力和团队协作能力，还能够增强学生对知识的实际应用能力。

分组讨论是互动与合作的有效方式。在分组讨论中，每位学生都有机会表达自己的观点，听取并理解他人的想法。这种交流不仅能够促进知识共享，还能够锻炼学生的批判性思维能力。角色扮演也是一种有效的互动方式。学生通过扮演不同角色，能够从不同角度理解问题，能更好地理解学习内容，从而提升学习效果。

另外，教师应让学生相互尊重和理解，帮助学生解决合作过程中的冲突，确保每位学生都能在互动与合作中获得收获和成长。

4. 评价与反馈

评价与反馈不仅有助于学生及时了解自己的学习进展和存在的问题，还能促进学生对学习内容的深入理解和应用。在同伴教学的环境中，学生相互提供反馈，教师为学生提供指导性反馈。同伴之间反馈的目的在于帮助彼此认识并改正错误，提升学习效果。学生不仅给予同伴有效的反馈，也接受并利用他人的反馈来提升自己的学习效果。为了使反馈更加有效，教师可以指导学生提出具体、针对性强的评价和反馈。这种反馈有助于学生更加深入地理解和掌握学习内容，也能够促进学生沟通。除了同伴之间的反馈，教师的指导性反馈也不可或缺。教师应当对学生的学习过程和学习效果进行及时评价，为学生提供专业的指导和建议。教师的评价不仅应包括对学生学习成果的评价，还应包括对学生学习过程中的合作态度、问题解决技巧以及创新思维等的评价。教师的反馈应当具有指导性和前瞻性，能够帮助学生了解自己的优势和进步空间，引导学生朝正确的方向发展。在进行评价与反馈时，教师还需要注意反馈的及时性。及时反馈能够让学生在学习过程中迅速纠正错误、调整学习策略，从而提升学生的学习效果。教师可以利用各种现代化教学工具和平台，如在线教学平台，实现快速、有效的反馈。

5. 培养学生的自主学习能力

基于学习任务的同伴教学法注重培养学生的自主学习能力，提升学生学习的主动性，增强学生自我监控能力和自我评价能力。对学生自主学习能力的培养对学生的终身学习具有深远的意义，不仅能使学生在当前的学习环境中受益，也为其日后的职业发展奠定坚实的基础。

教师在应用同伴教学法教学过程中，可以让学生自主探索和解决问题。教师是学生学习的引导者和协助者。学生在完成学习任务的过程中需要自行收集信息、分析问题并制订问题解决方案。这种教学方法要求学生积极思考、主动学习，有利于提高学生的独立思考能力和问题解决能力。

学生自主学习过程中的自我监控和自我评价非常重要。学生在学习过程中需要不断地评价自己的学习效果，监控自己的学习策略，并根据实际情况对学习策略做出相应的调整。学生通过自我评价，能够了解自己的强项和弱点，从而有针对性地优化学习方法，提高学习效率。

同伴的互动和合作也有利于提升学生的自主学习能力。学生通过与同伴互动和合作，不仅能获得知识和技能，还能通过观察和模仿同伴的好的学习方法来改善自己的学习策略，进一步增强自主学习能力。

6.监督和引导

在应用同伴教学法教学时，教师不仅要促进学生的有效互动，还要持续监督学生的学习，确保每一项学习任务都能达到预期的目标。教师的监督不仅包括对学习内容的监控，还包括对学生学习过程和学生互动的管理。教师需要确保学生在执行学习任务时能够遵循正确的步骤、正确应用学习材料，还要关注学生的合作，确保所有学生都能在合作学习中得到公平参与的机会。

教师的引导也非常重要。当学生在学习过程中遇到难题时，教师应及时为学生提供帮助，指导学生寻找答案，让学生在团队中有效沟通，从而使学生顺利完成学习任务。这种引导不仅能帮助学生攻克学习难关，还能教会学生在面对问题时如何寻求解决方案，培养学生的问题解决能力。必要时，教师还可根据学生的学习进展和反馈调整教学策略，如更改学习任务的难度、调整小组成员的配置或引入新的教学材料和教学方法。教师根据教学的具体情况灵活调整教学策略，有助于保持教学的有效性，使学生能够在良好的学习环境中不断进步。

（六）基于情感和认知相互作用的情景教学法的应用

1.创设情景

对于应用基于情感和认知相互作用的情景教学法来说，情景的创设起着至关重要的作用。这种教学方法旨在通过创设贴近学生真实生活的教学情景，激发学生的学习兴趣和参与教学活动的欲望，进而增强其认知的效果。情景教学法的核心在于将学习内容与学生的实际生活经验相结合，使学习过程更加生动、实用，从而增强学生的学习动机和学习效果。教师应深入了解学生的生活背景、兴趣爱好及未来职业发展需求，以此为基础来创设情景，设计教学活动。例如，在英语教学中，教师可以创设模拟餐厅点餐、旅游咨询等的情景，让学生在语言实践中学习和使用新词汇和表达方式。另外，教师创设情景时，还应考虑学生的情感需求，可以通过讲述故事、角色扮演等，让学生在特定的情景中体验扮演不同角色的感受，使学生产生情感共鸣，促进学生对学习内容的深入理解。例如，在历史教学中，教师可让学生扮演历史人物、模拟历史事件，帮助学生更好地理解历史事件的社会背景和影响。情景创设的最终目的是使学生在学习的同时能够产生情感共鸣，提升学生的学习效果。通过创设情景，教师不仅能使学生了解学习内容的实际应用价值，还能使学生在情感上产生共鸣。这样的学习体验有助于增强学生的学习动机，提高学生的学习效率。

2.促进学生的情感投入

教师应用情景教学法教学时，应注意促进学生的情感投入，这是提高教学效率的重要途径。教师促进学生的情感投入，不仅能够促进学生对学习内容的深层次理解，还能加强学生对所学内容的记忆。教师可以采用多种教学方式，如讲述故事或让学生进行角色扮演，激发学生的情感，激发学生对学习内容的兴趣，提高学生对教学活动的参与度。通过讲述故事，教师可以将抽象或复杂的学习内容转化为生动、具有情感色彩的故事，帮助学生在情感层面与学习内容建立联系。这种教学方法适用于历史、文学等学科。例如，在历史教学中，教师可通过讲述历史人物的经历，引起学生的情感共鸣，使学生更容易记住历史事件。教师也可以让学生进行角色扮演，以此来促进学生的情感投入。学生扮演某一角色，可以置身于特定的情景中体验角色的情感。这不仅能够增强学习的趣味性，还有助于加深学生对学习内容的理解和记忆。例如，在英语教学中，教师可模拟不同的社交场合来创设情景，让学生扮演不同的角色来进行对话练习，从而提高学生的语言应用能力。另外，集体讨论、小组合作等也可以促进学生的情感投入。在这些互动活动中，学生可以分享自己的感受和见解，听取他人的观点，在情感上产生共鸣，加深对学习内容的理解。这样，学生不仅能够学到知识，还能在情感方面获得满足和成长。

3. 引导学生运用有效的认知策略

教师应用情景教学法教学时，除激发学生的情感之外，引导学生运用有效的认知策略来处理信息也非常重要。教师应帮助学生理解、掌握和应用所学知识，从情感和认知两方面促进学生发展。在情景教学中，教师可以引导学生概括和组织信息，让学生从大量信息中提取关键信息、将相关信息归类整合、厘清信息间的联系，提高学生处理信息的能力。处理信息的能力对学生理解复杂概念和理论至关重要，有助于学生构建清晰、系统的知识结构。教师还可以通过提出开放式问题、组织辩论等方式，启发学生思考，引导学生从多个角度审视问题，使学生形成自己的见解。教师也可以教授学生解决问题的方法和策略，使学生在面对挑战和困难时能顺利找到解决方案。

在情景教学中，促进学生情感投入和引导学生运用认知策略都非常重要。促进学生情感投入能够增强学生的学习动力，提高学生的参与度；引导学生运用认知策略有助于学生深入理解和运用所学知识。

4. 让学生进行合作学习

情景教学法能为学生提供互帮互学的机会，让学生通过集体讨论和合作解决问题，能促进学生社会性情感的发展，有效地提升学生的认知能力。教师可创设真实或模拟的教学情景，鼓励学生积极参与互动和合作。学生在小组讨论、团队项目或角色扮演等活动中，与他人共同探讨和解决问题。通过交流和合作，学生不仅能从不同角度理解问题，还能学习新知识，提高解决问题的能力。通过合作学习，学生可以在小组内分享各自的想法和学习策略，加深对学习内容的理解。在共同努力解决问题的过程中，学生的团队合作能力和沟通技巧也能得到提升。合作学习还能促进学生的批判性思维的发展。在小组讨论和合作过程中，学生被鼓励提出问题，质疑现有的观点，探索新的解决方案。小组讨论中的思想碰撞有助于提高学生的思维能力和创新能力，促进学生在互动、交流、分享观点的环境中成长。

5. 多元化评价

多元化评价包括自我评价、同伴评价、项目作业等多种形式，能够全面评价学生的学习成果和表现。自我评价是指学生评价自己的学习进度和学习效果。这种评价方式有助于学生自我反思，提高自我认识。通过自我评价，学生能够了解自己在学习过程中的强项和弱点，从而有针对性地调整学习策略，提高学习效率。同伴评价是指在学习过程中，学生互相评价对方的学习表现和作业质量。这种评价方式不仅能够让学生从他人的视角了解自己，还能加强学生之间的互动和交流。同伴评价有助于培养学生的批判性思维能力和团队合作精神，也能让学生从他人的评价、反馈中学习和进步。项目作业也是一种考查学生学习效果的评价方式。通过完成项目作业，学生可以应用所学知识解决实际问题，展示自己的学习成果。项目作业不仅能考查学生的学术水平，还能考查学生的创造力和实践能力。

6. 为学生提供平衡情感支持与认知指导的反馈

教师应用情景教学法教学时，为学生提供平衡情感支持与认知指导的反馈，能够提升教学效果。这种反馈旨在确保学生在情感上得到鼓励和支持、在认知上获得具体的指导，从而促进学生在情感和认知两方面都取得进步。教师在为学生提供反馈时，应关注学生的情感需求。情感支持反馈的主要目的是增强学生的自信心和学习动力，让学生感受到学习过程中的成就感和满足感。这种反馈可以通过肯定学生的努力、表扬学生的进步以及肯定学生的学习态度来实现。情感支持反馈有助于使学生保持积极的心态，激发学生对学习的热情和兴趣。教师还需要为学生提供认知指导反馈。这种反馈更加注重对学生学习过程和学习结果的具体分析和评价。认知指导反馈旨在指出学生在学习中的具体问题，为学生提供明确的解决问题的建议和方法。这种反馈能帮助学生了解自己在认知上的不足，指导学生更有效地学习新知识。在进行反馈时，教师应注意情感支持反馈和认知指导反馈的平衡。教师如果过度强调情感支持反馈，就可能会忽视学生在认知上的实际需求；如果过分强调认知指导反馈，则可能忽视学生的情感需求，影响学生的学习动力和自信心。因此，教师应根据学生的具体情况，灵活调整反馈策略，使情感鼓励和认知指导达到平衡。

三、培养大学生的创新能力

（一）当代大学生创新能力概述

1. 大学生创新能力的内涵

创新能力是指个体在认识和实践过程中发现新问题、提出新观点、创造新方法的能力。对于大学生而言，创新能力是决定他们未来成为社会创新者和领导者的关键要素之一。创新能力涵盖了多个方面，包括创新思维、创新技能、创新情感和创新文化。这些方面相互影响、相互促进，共同构成大学生的创新能力。

创新思维是大学生创新能力的核心。创新思维是一种具有开放性、多元化和前瞻性的思维方式，包括对问题的独特见解、跨学科思考、跳出传统框架思考等。大学生需要具备勇于挑战常规和传统思维的勇气，具备敢于提出疑问和不断探索的精神。通过培养创新思维，大学生可以在面对复杂问题时提出独到见解，寻找创新解决方案。

创新技能对于大学生的创新能力同样至关重要，创新技能包括信息收集和分析能力、问题解决能力、团队合作能力等。大学生需要具备信息收集和分析的能力，能够灵活运用各种工具和技术解决问题、进行创新实践。团队合作能力也是创新技能中不可或缺的一部分，原因是创新往往需要多学科、多人的融合和协作。通过培养创新技能，大学生可以更好地应对复杂的创新挑战，发挥团队的集体智慧。

创新情感也是大学生创新能力的重要组成部分，创新情感包括对新事物的好奇心、对挑战的勇气和对失败的容忍度。大学生需要具备积极的创新心态，对新的知识和经验保持开放的态度。同时，大学生需要具备勇于面对失败和挑战的勇气，能从失败中吸取教训，不断尝试和改进。培养创新情感可以激发大学生的创新激情，使他们在创新过程中保持积极的情绪。

创新文化是大学生创新能力发展的基础。学校应积极营造创新氛围，为学生提供创新创业的资源。学校可以设立创新创业中心或实验室，为学生提供创新项目的指导和支持。同时，学校应鼓励师生之间的合作研究和跨学科交流，促进知识的融合与创新。

2. 当代大学生创新能力形成的影响因素

（1）学科专业和课程设置。不同学科专业的设置为学生提供了多元化的学习机会，能够培养他们在特定领域中的创新能力。例如，工程学专业可以引导学生进行工程设计和创新实践，鼓励他们在实际问题中提出创新解决方案；艺术与设计专业可以培养学生的创造性思维和表达能力，鼓励他们在艺术创作中追求独特和前卫的风格。创新导向的课程设置可以帮助学生培养创新思维和实践能力，这些课程强调学生的主动参与和实践体验，鼓励他们在解决实际问题时灵活运用所学知识和技能。例如，创业管理课程可以让学生了解创业过程和创新管理方法，培养他们的创新创业精神和实践能力；科学实验课程可以让学生亲自动手进行实验探究，锻炼他们的观察、分析和解决问题的能力。学科专业和课程设置还可以为学生提供创新的平台和机会，创新竞赛、创业实践项目、学术研究等活动能够让学生将所学知识和技能应用到实际情境中，并与其他学生进行交流和合作，可以激发学生的创新潜能，培养他们的团队合作、沟通交流和问题解决能力。学校还可以与企业、社会组织等外部机构合作，提供实习和实训机会，让学生在真实的工作环境中锻炼创新能力。

（2）导师指导和激励。优秀的导师能够提供专业指导和激励，引导学生进行创新项目或其他实践活动，并提供必要的资源支持和反馈，从而培养学生的创新思维和实践能力。导师的专业指导对于学生的创新能力培养至关重要，导师可以通过分享自己的学术或实践经验，帮助学生理解学科领域的前沿知识和研究方法；导师可以指导学生进行文献综述、实验设计、数据分析等工作，培养学生的研究思维和问题解决能力。导师的专业指导可以帮助学生厘清思路、避免走弯路，使他们在创新项目中更加深入和系统地探索。导师的激励和鼓励对于学生的创新能力培养至关重要，优秀的导师能够激发学生的兴趣和热情，鼓励他们勇于尝试和创新。导师可以通过分享创新案例和鼓励学生提出新的创意，激发学生的创新潜能。导师的激励和鼓励可以增强学生的自信心和动力，使他们敢于面对挑战，勇于追求独特和有价值的创新成果。

3. 当代大学生创新能力培养的现状

当前，国家对高等教育的重视程度不断提高，越来越多的高校开始注重培养学生的创新能力，重视创新教育的重要性，社会对创新型人才的需求也在逐年增加。社团活动、实践项目等途径能够为学生提供参与创新实践的机会，有助于激发学生的创新潜能，培养他们的创新意识和创业精神。各高校越来注重教学方法的创新，采用更加开放、互动和实践性的教学方式，使学生能够更加积极主动地参与学习过程，培养学生的创新思维和实践能力。很多高校加大了学术研究与实践的结合力度，提供了更多的创新实践平台，如建立创新实验室、创新创业中心、科技园区等，为学生提供创新创业的资源。

4. 当代大学生创新能力形成的机制

（1）认知发展机制。认知发展是指个体通过与环境的交互，逐渐形成对于事物的认知和理解。对于大学生而言，认知发展是通过学习和实践来不断拓展他们的知识体系和思维方式。认知发展是大学生创新能力形成的基础，学科知识是大学生思维和创新的基石，通过系统性的学科学习，大学生可以建立起丰富的知识储备，形成完整的知识体系，提高认知水平。高校应以课程体系改革、教学方法创新等措施，帮助学生构建完整的知识体系，提高他们在面对问题时的分析能力、判断能力和解决问题的能力。

（2）心理发展机制。大学生创新能力的形成受到心理因素的重要影响。高校应注重培养学生的自信心、独立思考能力、批判性思维等心理素质，使他们敢于挑战权威、质疑传统，形成敢于探索、勇于实践的心理品质。首先，高校应注重培养学生的自信心。自信心是一个人在面对挑战和困难时坚定自信的心理状态。对于创新来说，自信心是成功的基石。高校可以通过开设沟通和演讲技巧的课程、组织领导力培训等方式，帮助学生树立自信心。学校还应提供支持和鼓励，给予学生机会展示和实践自己的创新能力，增强他们的自信心。其次，高校还应注重培养学生的独立思考能力，独立思考能力是大学生发展创新能力所必需的心理素质。学校可以通过启发性的教学方法、开放性的讨论课和研讨会等，培养学生主动思考问题、质疑权威、寻找新思路的能力；学校还可以鼓励学生积极参与科研项目和创新实践活动，让他们在实践中体验问题解决的过程，培养独立思考的能力。最后，批判性思维也是大学生创新能力的重要心理素质之一，批判性思维是指能够审视问题、评估证据和推理的能力，培养学生深入思考和分析问题的能力。高校可以通过开设逻辑思维、批判性阅读等课程，培养学生的批判性思维；高校应该引导学生从多个角度审视问题，鼓励他们质疑传统观念和权威观点，培养学生在面对问题时的批判性思维。

（3）人际互动机制。人际互动是大学生创新能力形成的重要条件，通过与他人的交流和合作，大学生能够拓宽视野，接触到不同的观点和想法。在与他人的交流中，大学生可以从不同的角度看待问题，获得新的灵感和启示；还能够了解到不同领域的知识和经验，为自己的创新实践提供更广阔的思维空间。人际互动能够提高大学生的判断力和思考能力，在与他人的讨论和辩论中，大学生需要理性地表达自己的观点，同时倾听和分析他人的观点。这种交流可以帮助他们更全面地思考问题，培养他们的批判性思维和分析能力。通过与他人的互动，大学生能够更好地辨别信息的真伪、评估不同观点的合理性，提高自己的判断力和决策能力。此外，人际互动还能够培养大学生的团队精神和合作能力，创新往往需要多学科的融合和团队的协作。通过与他人的合作，大学生可以学会有效地沟通、协调和合作，收获团队合作的意识和技能。在团队中，大学生需要学会倾听他人的意见、尊重他人的专业知识，从而共同解决问题。这种团队合作能够培养大学生的协作能力、领导能力和组织能力，为他们的创新实践提供支持。为了促进人际互动，高校应营造良好的环境和平台，高校可以鼓励学生积极参加学术研讨会、创新创业大赛、学生社团等活动，提供多样化的人际交往机会。

（二）培养当代大学生创新能力的教育策略

1.完善教师队伍建设，提高教育教学质量

高校应着重加强对教师的创新能力培训，提高教师自身的创新意识、创新方法和创新实践能力。这样的教师队伍能为学生创造一个更为良好的学习环境，从而激发学生的创新动力。一方面，通过组织系统性的培训和研讨活动，教师能够深入了解创新理论和实践案例，并在教学过程中应用创新方法，使教育教学具有更高的针对性和实效性。另一方面，可引进具有创新精神和实践经验的企业家、研究员等兼职教师，这样不仅可以丰富教学资源，还能为学生提供宝贵的实践经验和真实的工作场景，这样的教学模式有助于培养具有创新能力和实践能力的人才。

2.深化高校与社会的互动合作

为了培养具有实践能力和创新思维的大学生，高校应积极创新合作模式，将产学研一体化体系纳入教育体系中，以便更好地整合社会资源。这一模式有助于为学生提供更丰富的实践机会，培养他们应对社会挑战的能力。高校需搭建与企业的对接平台，推动校企共建创新创业实验室、研究中心等，从而加强科研成果的转化和应用，将理论知识与实际应用相结合。同时，学生应通过参与各种社会调查、服务和支教等活动，了解社会需求和实际问题，增强解决实际问题的能力。这样的实践活动不仅能让学生体验到社会的多样性，还能帮助他们树立正确的价值观，从而更好地将所学知识应用于实际生活中。

3.提供多元化的学习资源，创设良好的创新环境

为了进一步培养大学生的创新能力，高校应采取多种措施提供丰富

的创新资源。首先，建立网络教育资源库，整合海量学习资源，让学生可以随时随地获取创新相关知识，这种便捷的学习方式有助于激发学生的求知欲和创新精神。其次，创设创新创业空间，如创客空间、沙盒实验室等，为学生提供实现创意和探索的场所。这些空间能为学生提供动手实践的机会，培养他们的动手能力和创新思维，使学生能够将理论知识转化为实践经验。最后，建立跨学科学术团队，鼓励来自不同专业的学生相互合作，形成跨学科创新合力。这种合作方式能够激发学生的创新思维，拓宽他们的视野，为解决复杂问题提供更多可能性。

4. 强化创新精神的宣传教育

为了培养大学生的创新能力，高校应采取多种形式激发学生的创新意识。高校可以通过举办创新能力培训班、讲座等形式丰富的活动，普及创新知识。这类活动有助于拓宽学生的知识面，强化他们的创新意识。高校应积极开展校园文化活动，传播创新精神，培育创新氛围，将创新意识融入学生的日常生活和学习，让他们在轻松愉悦的氛围中感受到创新的魅力，并激发他们的创新激情。高校要注重对学生创新成果的表彰和推广，激发学生的创新动力和成就感。当创新成果得到认可和肯定时，学生会更加自信，他们的创新潜能进一步得到激发，这就为更多创新成果的诞生打下了基础。

5. 重视家庭、社会与学校协同育人

要培养学生的创新能力，加强与家长的沟通与合作至关重要，应当让家长深刻理解创新能力的重要性，从而使他们更积极地支持子女的创新实践。家长的支持能给子女提供一个良好的家庭环境，有利于激发子女的创新潜能。还需要建立学校、家庭、社会的协同机制，形成全社会共同关心、支持创新能力培养的良好氛围。通过这种协同机制，可以让更多的人参与学生的创新能力培养，提供更丰富的资源和支持。这能帮助学生在更广泛的领域和更深层次上开展创新实践，实现创新能力的全面发展。此外，参加社会实践、志愿服务等活动是培养学生责任意识和团队协作精神的有效途径，这些活动可以让学生在实际操作中学会解决问题、承担责任，为创新能力的发展奠定坚实基础。这些活动也有助于培养学生良好的心理素质，使他们在面对挑战时敢于尝试、勇于创新。

参考文献

[1] 朱守信. 高等学校教学质量管理成熟度评价研究 [M]. 南京：南京大学出版社，2021.

[2] 彭江. 发达国家高等教育评估制度分析 [M]. 重庆：重庆大学出版社，2021.

[3] 周长明，程宁，陈鑫. 高等教育改革发展历程及规划研究 [M]. 北京：中国华侨出版社，2020.

[4] 张铭钟. 新时代高等教育内涵式发展研究 [M]. 北京：中国政法大学出版社，2019.

[5] 常婷婷. 高校教师教学领导力结构模型建构与提升路径研究 [D]. 石家庄：河北科技大学，2022.

[6] 潘媛. 民办高校内部治理问题及优化研究：以 A 高校为例 [D]. 成都：四川师范大学，2022.

[7] 洪晓畅. 新时代高校实践育人协同创新研究 [D]. 长春：东北师范大学，2022.

[8] 张庆美. 新时代大学生榜样教育的现状及对策研究 [D]. 重庆：重庆邮电大学，2022.

[9] 李凯月. 普通高校学历继续教育存在的主要问题及对策研究：以山东省为例 [D]. 曲阜：曲阜师范大学，2022.

[10] 王雨馨. 高职院校制度文化建设策略研究 [D]. 石家庄：河北师范大学，2022.
[11] 刘园，李军. 新时期加强高校教学管理的有效措施 [J]. 佳木斯职业学院学报，2023，39（5）：106–108.
[12] 吕金宝. 高校教学管理信息化建设路径探讨 [J]. 佳木斯职业学院学报，2023，39（5）：124–126.
[13] 李洁. 高校创新创业载体建设研究 [J]. 四川劳动保障，2023（4）：58–59.
[14] 袁燕. 新时代高校管理创新发展路径探析：评《新时期高校管理与发展路径探索》[J]. 中国高校科技，2023（4）：98–99.
[15] 李卫娜. 当代高校教育教学管理理论与实践 [J]. 食品研究与开发，2023，44（8）：238.
[16] 杨俊萍，陈海燕. “互联网 +”时代的高校教学管理创新模式构建 [J]. 湖北开放职业学院学报，2023，36（7）：10–11，14.
[17] 李祯海. “互联网 +”背景下高校教育管理模式的变革与创新 [J]. 黑龙江教师发展学院学报，2023，42（4）：12–15.
[18] 蒋琴，李家豪. “互联网 +”背景下教学管理路径研究 [J]. 科技风，2023（10）：40–42.
[19] 张天天. 基于新媒体技术下提升高校教育管理有效性分析 [J]. 长春工程学院学报（社会科学版），2023，24（1）：40–43.
[20] 尚碧波. 学生主体发展视域下高校学生管理工作的创新思路探析 [J]. 公关世界，2023（6）：141–143.
[21] 潘梦雯. 新时代高校教学伦理探察 [J]. 学校党建与思想教育，2023（4）：58–60.
[22] 晨曦，汪永智. 信息化创新高校学生教育管理工作 [N]. 中国社会科学报，2023–02–23（7）.
[23] 雷扬. 高校教育管理信息化发展策略 [N]. 中国社会科学报，2023–02–23（7）.

[24] 李淑云，余九林. 教育信息化背景下高校教学改革透视 [N]. 中国社会科学报，2023-02-23（7）.
[25] 郑焱. 我省加快推进高校教学数字化 [N]. 新华日报，2023-01-17（11）.
[26] 张璐. 健全管理体系 踔厉探索创新 [N]. 焦作日报，2023-05-04（A07）.
[27] 魏依晨. 强基础学科建设 固基础研究根基 [N]. 科技日报，2023-04-12（6）.
[28] 朱英杰. 以创新的精神育创新型人才 [N]. 人民政协报，2023-04-12（9）.
[29] 钟文. 牢牢把握高质量发展这个首要任务 [N]. 成都日报，2023-04-29（2）.
[30] 马晴. 构建高校实践育人社会协同机制 [N]. 中国社会科学报，2023-04-27（7）.